木の家を楽しむ

居心地の良い時、暮らしを紡ぐ。

KINOIESEVEN＝編著

はじめに

あなたがわが家で過ごしたいのは、どんな時間ですか？
一人ひとりの顔や人柄が違うように、
暮らしのあり方や望むものは千差万別。
だからこそ、住む人に合わせてつくられる注文住宅には、
既製品にはない価値が宿ります。

この本には、建築家に設計を委ねた7つの家、
7つの暮らしを収めました。
古い道具を慈しんだり、薪ストーブを囲んで談笑したり、
コタツでお酒を嗜んだり。
住まい手の思いを建築家が受けとめ、工夫を凝らしてかたちを紡いだ結果、
単なる家以上の、「そこにいることを楽しめる場所」になりました。
ふとした瞬間にぼんやり感じるわが家の良さが、
住み手の言葉の端々から伝わってきます。

後半では、イメージをかたちにするために必要な、お金のこと、
暮らしをより豊かに楽しむための環境の考え方や素材の選び方、
機能的な間取りや収納計画、キッチンのつくり方など、
具体的な方法を経験豊富な建築家たちがリレー方式で語り、
居心地の良い住まいづくりのコツを解説します。

ワクワク感いっぱいの家づくりも住み始めれば思い出になり、
夢に見たわが家もいつしか当たり前の風景に。
しかし、光や風の変化や四季のめぐりを敏感に受け止める優れた設計は、
意識化されることのない心地良さや満足感を持続させ、
日々に明るさを、人生に充実感をもたらします。
この本のなかに、自分のライフスタイルに重ねられそうな家や、
感性に響く空間を見つけられたら、
どうぞご自分の家づくりに取り入れてみてください。

この本が家づくりの一歩を踏み出すきっかけとなり、
理想のわが家を手に入れる手掛かりとなることを願って。

目次

1

庭と融け合うオープンな平屋で好きな雑貨を並べて暮らす

茅ヶ崎の平屋

設計｜木々設計室

藪を切り開いて建てた平屋は、そこだけが別荘地のよう。床の低いリビングや土間につながる広い庭を、子どもや犬が自由に行き来する気取りのない家。味のある日用品類は雑貨に目がない妻の趣味。テラスを拡張し照明器具を好みのものに付け替えるなど、カスタマイズを続けている。

庭も家の一部って、特別なことじゃない

右頁／DIYでつくったウッドデッキにラグを敷いてくつろぐ。デッキの存在が家の中と外の境界を曖昧にして、生活が外へと滲み出る。
左頁／玄関扉は引き戸。外壁の塗装は自分たちで行った。ポーチにも個性的なものが置かれ、ラスティックなポストやホウキも絵になる。

「好きなものは好き」は、
娘にも伝播している

右頁／片流れの大屋根が架かるおおらかな空間に、むき出しになった太い木の柱・梁が暖かみと安心感を与える。右上／長女の個室。部屋は小さいがロフト付きで快適。家にいるときは好きなもので埋め尽くされたこの部屋でほとんどの時間を過ごす。右下／コンパクトな寝室はいちばん天井の高さを楽しめる部屋。さまざまな籠をフル活用して衣服や小物を収納している。左／長男と次男の部屋は、今のところ間仕切りなしで共有している。しっかりしたベッドとロフトに上がるためのハシゴは夫のDIY。

上／イエルカ·ワイン作の薪ストーブは、神奈川県藤野の陶器市を訪れた際に出会って一目惚れしたのがきっかけで購入。下右／庭に開いたパブリックゾーンと、奥まった個室ゾーンの間でクッションとなる廊下。桁から上はオープンにして、薪ストーブの暖気を個室ゾーンまで行き渡らせる。下左／LDKと小上がりの畳の間。厚さが3cmもある軟らかいスギ無垢の床は、裸足で過ごすラフなライフスタイルにふさわしい。

統一感やブランドは意識しないと妻が言うように、雑貨は多国籍でジャンルも様々だが、混ざり合うことで一つの世界観が見える。

いつまでも完成しない家づくりを楽しむ

住宅地に隣接する場所に、こんな森が……？ そう驚いてしまうような環境に、Tさんの家はある。まわりを鬱蒼とした緑が取り囲み、窓からほかの家は見えない。無垢の木の柱梁を露出させた室内は、端正だが余計な飾りは排除されていて潔い。

訪れた人の目にまず飛び込んでくるのは、部屋のいたるところに置かれている雑貨類だろう。インテリアのすべてをコントロールしている妻は家具や雑貨が大好きで、6年ほど前までは古道具の店を営んでいた。その前は、アメリカから輸入した子ども服を雑貨とともに売っていたこともあるという。

置かれている家具や雑貨は、北欧、イギリス、アジア、アフリカ、そして日本のものなど、実に多国籍。家具類は、古道具店で売っていたものやリサイクルショップで購入したもの、捨てられそうなものを救い出して貰い受けたものなどが多いそうだ。ダイニングやキッチンの棚に無造作に置かれたものを仔細に見ると、古びた空き缶から何気ないプラスチック製品まで、それぞれに味わいがあり、独自の世界観が奏でられている。「私はものの商業的な価値には興味がなくて、知識もないんです。ブランドのこともよく知らなくて。古道具のお店をしていたときは、お客さんから『これはいいものだからこんなに安く売っちゃダメよ』と教えてもらっていたくらい」(妻)。

生活用品はひと通り揃ってはいるが、それでも欲しいものは尽きず、ついつい雑貨を買ってしまうという妻。そんな母のことを、長女は少し呆れたように話す。「例えば、春に仕込んだアグリータを飲むためには、大きくて薄いグラスが必要だから買うと言うんです。大きいコップならもうあるのに」。そんな調子で、物は増殖する。「娘が高校生の時に友達から『はなちゃんの家はきれいじゃないけど居心地がいい』と言

上／多国籍な籠がいろいろな場所で使われている。中／ダイニングの窓辺の棚は夫の作。妻がいろいろなフルーツを漬けるためのガラス瓶が並ぶ。下／ナチュラルな素材や手仕事の素朴な温もりは、気持ちを和らげてくれる。

われたことがあって（笑）。物が増えすぎたら、余計なものは片付けるんですけど、やっぱり飾りたくなってまた出してしまったり。結局ごちゃごちゃになっちゃうんです」と妻。

住まいを平屋建てにしたのは、庭とつながった生活をしたいという思いから。一般的に、平家は2階建てより建設コストが少し上がる。建築家の松原正明さんは、予算に納まるように2階建てを提案したが、妻は諦めなかった。予算の超過分は、外壁の塗装やウッドデッキを自力施工することで帳尻を合わせた。

室内から広い庭へとなだらかに空間がつながるのは、リビング・ダイニングの床を低くして、地面に近づけているからだ。さらに、自作のウッドデッキがつなぎ役となり、室内と庭との境を曖昧にしている。自由に出入りしている2匹の元気なトイプードルも、伸び伸びと楽しそうだ。

この春、妻の鶴の一声で、東側にウッドデッキを広げる工事を行った。妻のアイデアを形にするのは、もっぱらものづくりが得意な夫の役割だが、大学生の長女を筆頭に、中学生の長男、小学生の次男も巻き込み、一家総出で作業を行った。「子どもたちも板を運んだりペンキを塗ったりして手伝ってくれたから、たいへんなことはなかったです」と簡単そうに語る夫。妻には住まいへのこだわりがあり、次々にアイデアが湧いてくる。夫はそれを粛々と受け入れ、「休日もじっとしていられない」と嘆きつつも楽しんでいるように見える。子ども部屋のベッドやハシゴも夫のＤＩＹの成果だ。

最近になって、キッチンとダイニング、土間の照明を、シンプルなスポットライトから新しく購入したものに付け替えた。室内にさらに趣味性が加わって、ぐっと雰囲気が良くなった。夫いわく、「いつまでも完成しない家づくり」は今も進行中だ。

窓辺に置かれた愛らしい水玉柄の大皿は、友人である陶芸家の作品。窓の外の緑をバックに補色の赤が映える。

上段右／何ということのないものも絵になる様は、肩に力を入れた室内装飾とは別次元の魅力。上段中／大学生になった長女は好きなイラストで壁を飾る。石膏ボード素地の壁が不満だったが、遠慮せずに貼れるのがいい。上段左／廊下に壁付けされたスタイリッシュな電話機は、'80年代のデンマークのデザイナーによる「カークプラス」。中段左／ブドウ園で働く妻が、まだ青い間引きブドウを持ち帰ってつくった「アグリータ」というビネガーを瓶に詰めて。下段右／この春、庭にピザ窯を自作。下段左／ハンモックは夫の指定席。リラックスしすぎて、つい居眠りするのが常。

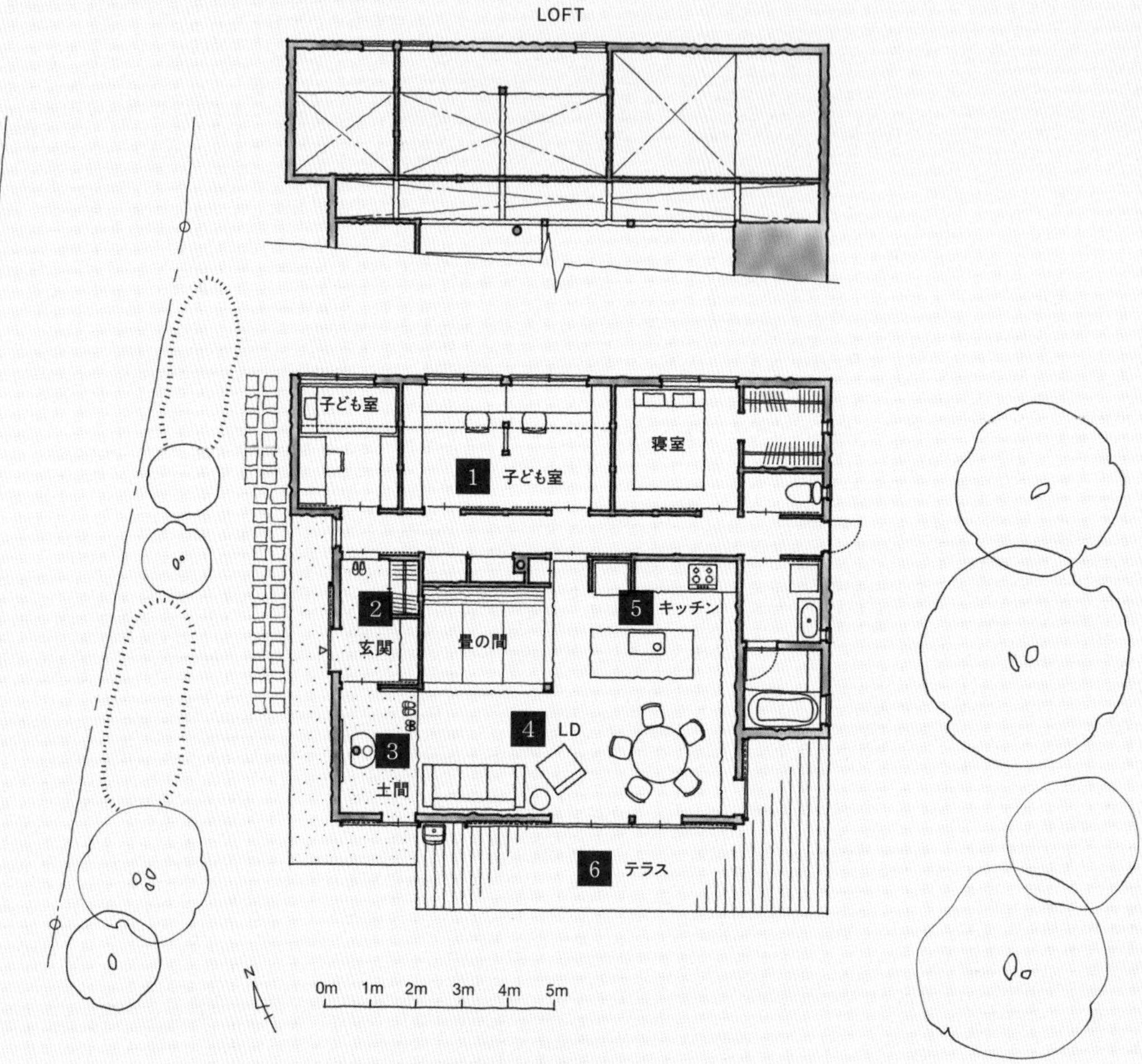

建築家との家づくり

茅ヶ崎の平屋 居心地良さの設計手法

○リビング・ダイニングと庭との連続感を強めるため床を低くし、薪ストーブの土間とつなげた。床を上げた個室群は北側に寄せ、パブリックなリビング側との緩衝として廊下を挟んでいる。

○住まい手自ら外壁や床の塗装をすることでコストを切り詰め、その分自然素材を豊富に使い、木製建具も採用。薪ストーブで暖められた天井付近の空気をダクトファンで床下に送り、床下の湿気や冷たさを緩和するしくみを組み込んだ。

❶兄弟の部屋は仕切らず一緒に使う。ロフトで面積を補っている。

❷どことなく農家の土間のような鷹揚さを感じさせる玄関は回遊できる動線の一部。火打ち梁の上に板を渡し、増えてしまった籠の置き場所に。

❸薪を運んだり灰を捨てたりしやすいよう、薪ストーブの横に庭に出入りできる掃き出し窓を配置。コンクリートの土間は汚れも気になりにくい。

❹リビングの一部は小上がりの畳の間として、寝転べる場所に。

❺みんなで料理ができる奥行きの深いアイランドキッチン。庭がよく見える位置にあるので、ここに立つと気持ちがいい。

❻居間の床高さは一般的な家より25cm低く、その外の10cm下にデッキを張った。床が庭に近いレベルなので、人も犬もスムーズに出入りできる。

茅ヶ崎の平屋

敷地面積	616.36㎡(186坪)
延べ床面積	94.40㎡
家族構成	夫婦+子ども三人
所在	神奈川県茅ヶ崎市
竣工	2017年
設計	松原正明、樋口あや/木々設計室

1

2

3

4

5

6

2

鳥の巣箱のように樹や花に囲まれる
9年の歳月が育んだ家と庭

kotori_House

設計｜アトリエフルカワ一級建築士事務所

簡素で、シンプル、無駄がない。そんなイメージを「巣箱」という言葉に込めた。時を重ね、慈しんだ庭の木々は伸びやかに枝を広げる。竣工当時の初々しさが残る漆喰壁は丁寧な暮らしぶりを感じさせるが、無垢の床は色を深め、艶を増し、重ねた歳月を物語る。

さやさやさや、
いつでも葉擦れの音が聞こえる

右頁／庭の緑や花が活き活きと主張する前庭。海に近い厳しい環境で淘汰を繰り返し、9年掛けて今の姿にまで繁茂した。左頁／夫妻は「まわりの環境に馴染む家にしたい」と望んだ。シルバーグレーに変化した木の外壁を背景にして、木々の緑が引き立つ。

上／玄関では、長いカウンター型の靴収納の上をギャラリーのように小物で飾って。1階は天井高を抑え、ドアの上に垂れ壁をつくらずスッキリ見せる。下／北側の階段室には、トップライトから採光。右側のスリット窓でキッチンにも光を届ける。左頁上／正面の窓の下は、薪ストーブを置く予定で壁と床にタイルが貼られているが、なくても暖かいのでそのままに。左のスリットの奥はキッチン。左頁下／スリットをキッチン側から見たところ。キッチン内からリビングの様子はわかるが、リビングからキッチンの中は見えない。

上右／リビング上のロフトは、階段をしっかりつくり部屋として実用できる環境に。現在は夫が仕事場として活用している。上左／妻は一人で料理に集中したいタイプで、クローズドキッチンを希望。フロアの中央に位置して通り抜けができ、動線の要になっている。下右／壁・天井をサワラで仕上げた浴室は、風通しが良く9年経ってもカビ一つない。内バルコニー越しに窓から山が見え、シャワー派の夫も「昼間から湯船に浸かりたくなる」ほど快適。下左／バルコニーを囲う手すりは、目隠しになる程度に高いけれども、圧迫感を感じさせないちょうどいい高さ。左頁／ロフトからリビングを見下ろしたところ。スギ無垢材の床は、9年経って使い込まれた色合いと艶を備えた。

天井の高さ、
光の入れ方のメリハリが
リズムをつくる

右頁／庭をもって植物が大好きになったという夫。花でいっぱいにしてみたいと、毎週のようになじみのショップで苗を入手しては植えてみる。右／ダイニングはコンパクトさが心地良い。地元産の美味しい野菜が手に入る環境なので、在宅勤務の夫はよりヘルシーな食生活に。左上／部屋の広さに合わせサイズをオーダーしたテーブルはやや幅が狭め。親密さがあるが窮屈感はなく、落ち着く。左下／これまで購入した数え切れないほどの植物や種のレシートやパッケージを、ファイルにすべて保存している。

自慢の庭越しに わが家を眺める幸せ

レースフラワーやラベンダーが咲き乱れる前庭。樹の葉の背景に沈むチャコールグレーの板張りの家が、Kさんの住まいだ。「鳥の巣箱のような家」を願って建てた家だと聞けば、慎ましやかな佇まいの意味がわかる。

ここは鎌倉駅から少し離れた静かなエリアで、東西を山に挟まれた南向きの傾斜地。鎌倉につきものの湿気はあるものの、南から北へ常にそよそよと風が吹く恵まれた環境だ。人気エリアでたまたまこの土地に出会えたことは、Kさん夫妻にとって幸運そのものだった。

家の完成からは、すでに9年の歳月が流れている。当時高校生だった息子は、大学時代にいったん家を離れたが、社会人になり再び一緒に暮らすようになった。在宅で仕事をする時間が増えた夫は、ロフトにワークスペースを新設し、快適に仕事をこなしている。

竣工時の造園は、枕木で土留と駐車スペース、階段上のアプローチを組み、木を2、3本植えただけ。木はまだ小さく土は剥き出しで、家が裸で晒されているような気恥ずかしさがあったという。カラマツの

右／リビング越しに、緑に埋め尽くされた窓を見通す。花台は窓拭きの際の足場にも。左／森の中で目覚めるような感覚の1階の主寝室。手もちの家具を組み込めるように、カウンターをつくった。

外壁は今とはまったく違う白木の色をしていた。この外壁は、建築家の古川泰司さんがブログにアップした日本海沿岸の木塀を見て希望したもの。メンテナンスに手間が掛からず、耐久性のある素材だ。

古川さんによると、海に近いエリアでは金属の外壁材は塩に負け、いずれ錆が出てしまう。「海辺の環境で一番耐久性を発揮するのは、じつは板張りなんです。漁師町に行ってみると古い家はみな板張りなんですよ」。古川さんは塗装で色を着けるのではなく、経年によって自然にグレーに変わるのを待ちましょう、と夫妻を説得した。「そういえば、築百年の実家の外壁も板張りで、母がいつもきれいに拭き上げては自慢していたんです」と妻は思い出して納得する。この色に落ち着くまでには5～6年の歳月を要したが、不安を覚えることがなかったのはそのためか、と。

歳月を感じさせる外観とは違い、スギの木と漆喰で構成された家の中には、昨日建ったばかりのような清潔感が漂う。床をよく見れば愛猫の爪跡などが無数にあるが、スギ材にありがちな色ムラは時を重ねることですっかり均されている。壁の漆喰は塗りたてのような白さを保ったままだ。

古川さんは、南に開けた眺望を取り入れるため、LDKを2階に配した。実家は

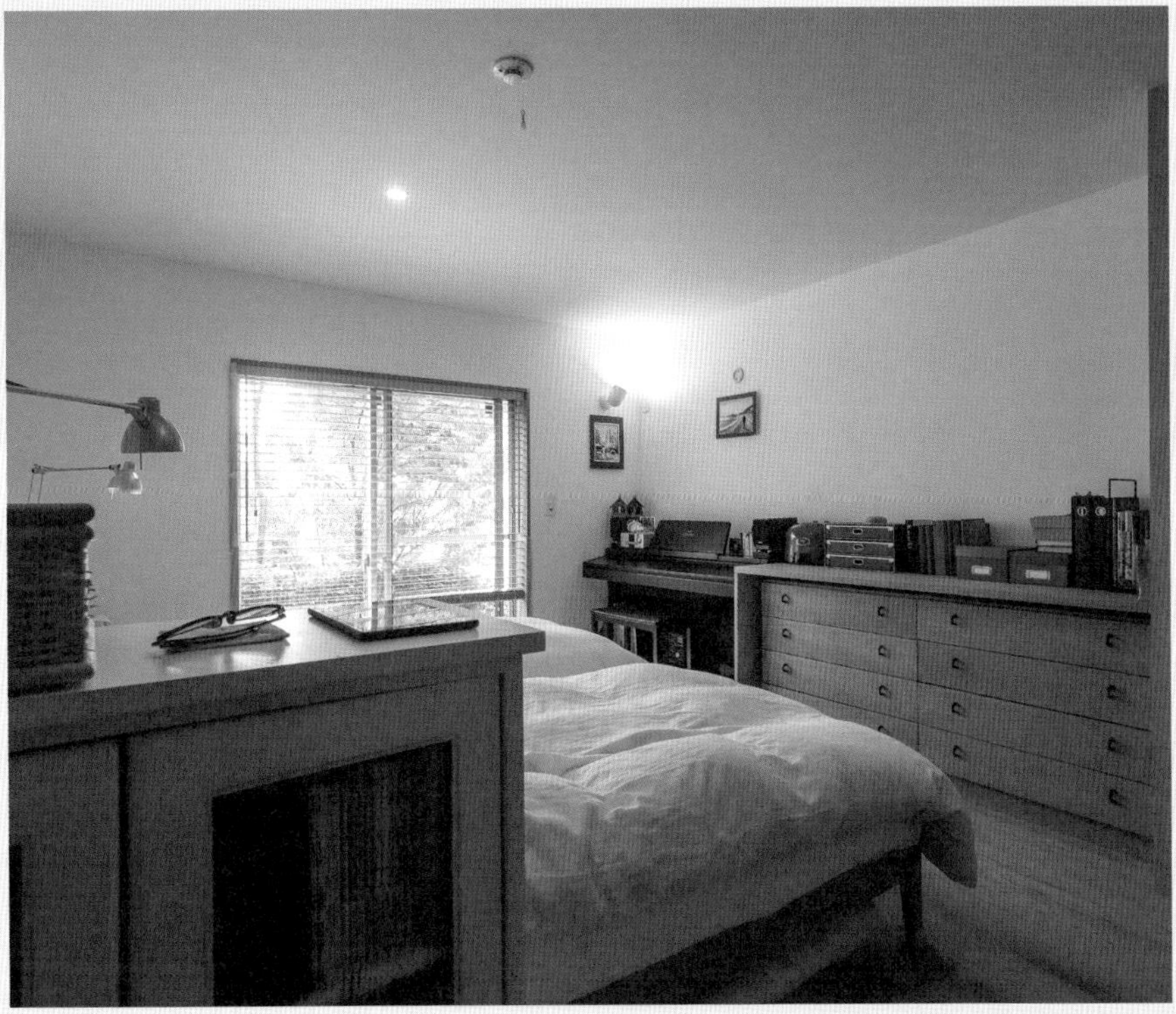

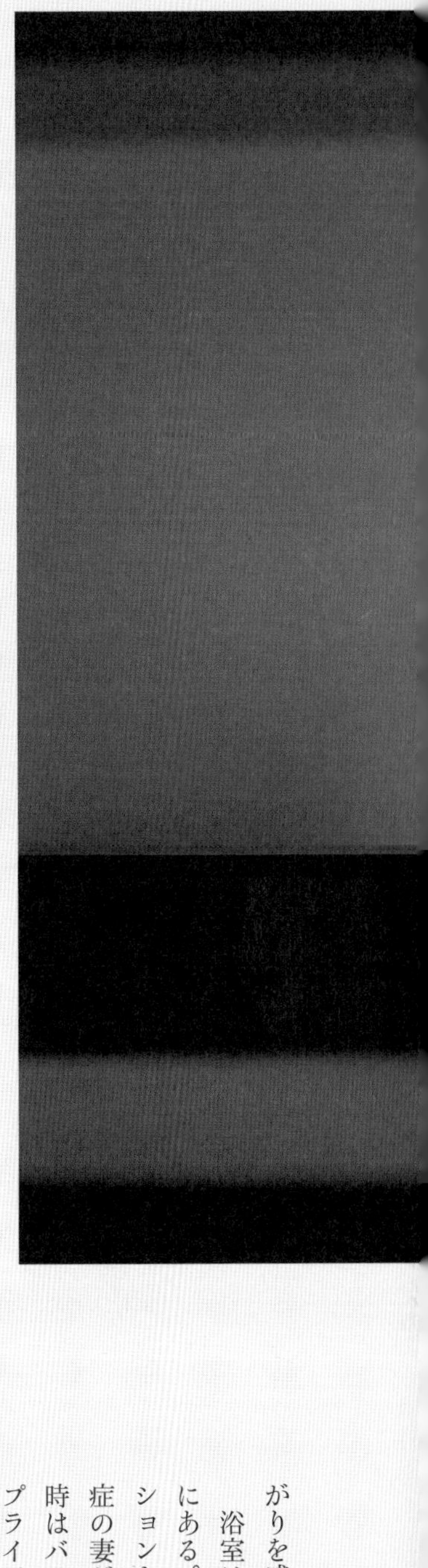

大きな家で無駄が多く、暮らしにくさもあったことからコンパクトな住まいを望んだという妻。間取りで大切にしたのは、家事動線の良さだ。ダイニング、キッチン、洗面脱衣室が直線上に配置されて効率的に動ける。「料理中は閉じ籠りたいので、キッチンはクローズ型にしました。でも家族と会話できないのは困るので、横長のスリット窓を付けたんです」（妻）。キッチンに立つと、スリット越しに庭の木々や山の景色を見ることもできる。

配置をずらし程よく区切られたダイニングとリビング。天井が低めのダイニングと、ロフトまで吹き抜けになったリビングの対比で、空間に多様性が生まれている。奥まったダイニングからも、リビングとその向こうの景色に視線が届き、面積以上の広がりを感じさせる。

浴室は、2階のもっとも眺めの良い場所にある。直接外に面しておらず、ワンクッションとして設けた内バルコニーは、花粉症の妻が洗濯物を干すためのものだ。入浴時はバルコニー越しに外を眺めることで、プライバシーを気にせずリラックスできる。シャワー派の茂孝さんも、時々明るいうちから湯船に浸かり、窓を開けて露天風呂の開放感を味わうのが楽しみだ。

庭の木がぐんぐん伸びて、2階から見えるようになったのはここ3～4年のこと。リビングの窓先で梢を揺らすトネリコの木は、あるとき「勝手に生えてきた」。今や最高のバランスで枝を広げ、この家のシンボルツリーの座を占めた。夫は、これまで数え切れないほどの植物の種を庭に蒔き、苗を植えてきた。しかし湿気や潮風に負けるのか、根付いたものはほんの少しだ。逆に、トネリコのように思いも掛けず生えてくる植物もある。9年の歳月が庭と家を絡み合わせ、一つの生態系のように育んだ。「庭越しにわが家を眺めると、嬉しくて誰かに自慢したくなります」と目を細める夫。これからもこの庭に根付いてくれる植物を探し続けるそうだ。

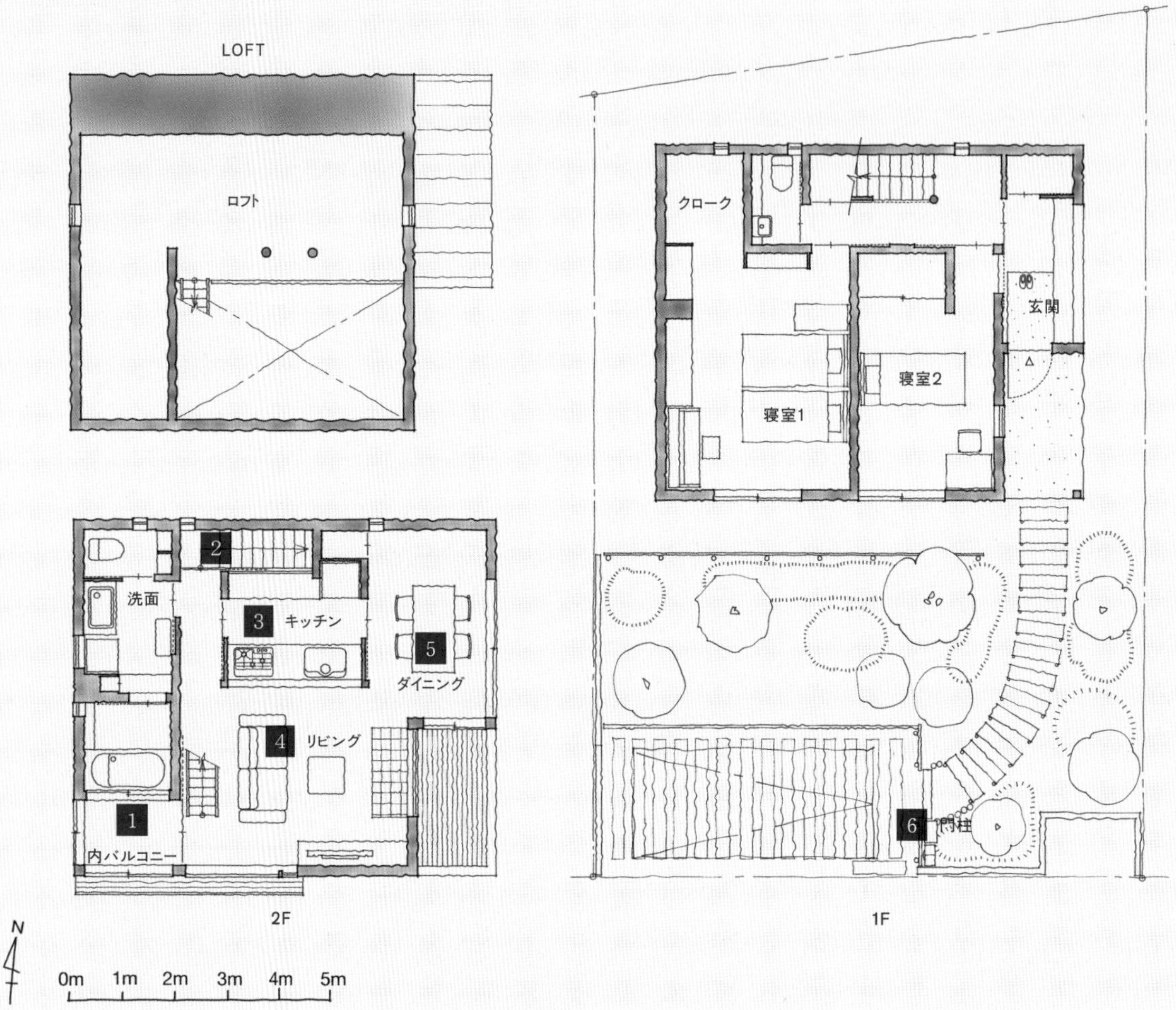

建築家との家づくり

kotori_House 居心地良さの設計手法

○山に囲まれるロケーションの恩恵を十分に受けられる2階にLDKを配置して、メインの生活空間に。キッチンを中心に、ダイニングとリビングを振り分けつつ、間仕切りを設けずつながりを保った。

○大きな窓と吹き抜けで開放的なリビングと、ベランダに守られ落ち着きのあるダイニング。それぞれ違った個性をもたせることで多様な居心地良さが導き出されている。

❶洗濯物の室内干しをするための「内バルコニー」。リビングとは開き戸で仕切られ目隠しもできる。

❷暗くなりがちな北側の階段室は天窓から採光。梁も白く塗りつぶして反射光も活かす。

❸籠って料理をしたい妻のため、キッチンはクローズ。リビング側に開けたスリットを通して家族の様子がわかり、リビングの窓から景色も見える。

❹リビングには吹き抜けで上への開放感、大きな窓で外への開放感をもたせた。

❺こぢんまりしたサイズのダイニングは親密さがあり、ベランダとの一体感も楽しめる。

❻角材をくり抜いて、照明やインターホンを組み込んだ門柱。少し苔むしてますます庭に溶け込む姿に。駐車スペースは枕木とグランドカバープランツでストライプ状に構成。土留の杭と板が一部朽ちてきたので、夫が付け替えた。

kotori_House

敷地面積	150.12㎡（45.49坪）
延べ床面積	1階 46.70㎡、2階 46.70㎡
家族構成	夫婦＋子ども一人
所在	神奈川県鎌倉市
竣工	2011年
設計	古川泰司／アトリエフルカワ一級建築士事務所

1

2

3

4

5

6

3

しばられない空間で自在に遊ぶ 空気と家族の気配がめぐる家

はぐくみの家

設計｜小野育代建築設計事務所

窓から見える緑や空、薪ストーブや懐かしい土間にホッとする。間仕切りのないワンルームのような家では、常に家中を空気が循環して気持ちいい。家族が思い思いの場所で過ごしながら、気配を感じあえる安心感。子どもたちの創作意欲を大切にして、柱や壁は作品を飾るギャラリーになる。

右頁／緑に囲まれた牧歌的な環境に溶け込むような家は、広い敷地に目一杯建てず、必要十分なサイズに。川の流れる音やカエルの声に包まれる。左頁／薪ストーブと吹き抜けのあるリビング・ダイニング。庭は緑の壁に守られ、大きな窓を開け放って過ごすことができる。引違いのサッシの片側だけを開口部として利用し、もう片側は壁に。窓枠を見せず、全開放を可能にしつつコストダウンする技。

郷愁漂う室内と緑が誘う
自然体のくつろぎ

上右／家と庭をつなぐ庇の下の空間。薪を仮置きしたり外用のおもちゃを置いたりと何かと便利。夏は日射の調整にも役立ち涼しさをつくる。上左／キッチンにも庭に出られる勝手口を付けた。小さいスペースにパントリーや家事コーナーもあり、水回りがすべて近くに配置されていて家事効率もいい。下／リビング・ダイニング、畳室、玄関土間がひとつながりの大きな部屋になり、広々暮らせる。靴をしまう棚は夫によるDIY。左頁／古民家の土間を彷彿とさせるような懐かしさのある風景。子どもたちは畳室にランドセルを放り出して遊びに出掛ける。

家の中どこでも
自分の部屋のように過ごす

お正月

上右／吹き抜けに面したスタディ・スペース。家全体に一体感があり声もよく聞こえるから、どこにいても家族のぬくもりを感じられる。上左／階段の壁には大きな書棚をつくり、図書コーナーに。子どもたちが何気なく絵本を手に取り、階段に座って読むことも。黒板塗装の壁は落書きOK。下右／子ども室には可変性をもたせ、必要に応じて個室に区切れるようなつくりに。現状はスタディ・スペースも含めた広い範囲が遊び場になっている。下左／寝室への動線を単なる通路にせず、少し幅を広くしてスタディ・スペースに仕立てたことで、何倍も価値が出た。

子どもたちの笑い声が響く
健やかなときの流れ

「息子は絵を描くのが大好きで、将来の夢は漫画家。ダンボールを使った工作を始めたのは4歳頃からでしょうか」と妻。ゲームのキャラクターをロボットのように仕立てた作品は、並々ならぬこだわりを感じさせる。活発な長女は外で遊ぶことも多いが、家の中ではお絵かきや折り紙をして過ごす。家のあちこちに飾られた成果物が、創作意欲を大切にする平家の雰囲気を伝えている。階段の壁面に造作した棚に、絵本もたくさん並ぶ。頻繁に図書館を利用するほど本好きの平さん一家だ。「子どもたちは、気づくといろんなところで本を読んでいて。家族で書棚を共有することで、親子間の交流が生まれるといいなと思っています」(妻)。間仕切りの少ない家の空間の融通性と、夫妻の子どもたちに対するおおらかな接し方とが重なり、じつに自由で伸びやか。広い土間や無垢の木の架構といったプリミティブな要素も、そう感じさせる一因かもしれない。

　夫は20代の終わりに実家の農業を継ぐことを決めて勤めをやめ、妻と結婚。深夜までがむしゃらに働いた営業職とは、時間の使い方が真逆になった。実家近くのアパー

右頁／どの窓からも緑が見える。自由な創作を楽しむ雰囲気がそこかしこに溢れている。上／作品を貼り付ければ、どこもでもギャラリーに。みんなが自分流に住まいをアレンジして楽しむ。下右／「めざせ、まんが家！」は長男が自分に書いたユーモアたっぷりのエール。下左／絵を描いたり工作をしたり、創造的な遊びが好き。

トで10年ほど暮らす間に2子を授かり、長男が小学校に上がる頃に家づくりを考え始めた。実家の敷地内の一画を自宅建設の用地にする父からの提案を、ありがたく受け入れた。

家づくりの情報を得るために、とりあえず行ったのは住宅展示場。「どれもきれいだなとは思ったのですが、温もりや面白みを求める私たちにピッタリのものには出会えなくて。建築家さんの設計で希望をかたちにしてもらえるなら、そちらのほうがいいかなと」（妻）。設計を依頼したのは、家づくりセミナーの講師として出会った小野育代さん。洗練されたなかにも素朴な温かみのある作風に、ピンとくるものがあった。

取り入れたかったものは、夫が簡単な農作業もできるような土間や、ごろりとなれる小上がりの和室、憧れていた薪ストーブ、みんなで使える大きな書棚やワークスペース。大きな家は望まず、間仕切りを少なくして開放的に暮らしたいと願った。

できあがったのは、田園風景に馴染むシンプルな切妻屋根の箱。小野さんはその中に、夫妻の夢の数々を緻密に組み込んだ。間取りは昔ながらの田舎家に見られる「田の字型」を踏襲。玄関を兼ねた土間から腰掛けられる畳の間にも、民家の趣がある。

間仕切りが少ないことは家を広く感じさ

せるだけでなく、いろいろな場所がつながることで居場所の選択肢を増やしてくれる。子どもたちはそのときの気分に合わせ、思い思いの場所で過ごす。「誰がどこで何をやっているか、なんとなく感じられる安心

上／吹き抜けを通して家中の空気が循環する。間仕切りがないので冬は2階にも薪ストーブの暖気が行き渡り、暖かく過ごせる。左／ダイニングテーブルが家の中心で、ソファはないが腰掛ける場所はたくさん。この家のために家具作家がデザインしたテーブル左手の「はぐくみの椅子」は家の名前の由来にもなった。

感があります。常に空気が淀まず隅々にまで流れているのも気持ちがいいですね」(妻)。

自然豊かな環境を室内からも楽しめるよう、窓の位置に配慮が行き届いているのも建築家ならでは。「リビングの大きな窓の外も一面緑なので、食事中には自然と目がいきますね。昼休みに寝室でちょっと横になることがあるんですが、ベッドから空と緑が見えると森の中に住んでいるような気分です」(夫)。

夫は早朝からの農作業や出荷を終えると、夕方には子どもたちと家で過ごす。宿題を一緒にやったり、習いごとの練習に付き合ったり。妻は勤めに出ているので、平日の夕食づくりも夫の仕事だ。農業に休みはないが、ときには趣味のギターをつま弾いて気分転換を図る。妻とは学生時代にジャズサークルで知り合った仲。妻はドラム、夫はギター。子どもたちもピアノを習っているから、将来一緒に演奏する様を思い描くのも楽しい。

音楽や創作、読書が暮らしに溶け込み、夫妻の温かな眼差しが子どもたちを包み込む。小野さんが「はぐくみの家」と名づけたときのイメージが、そのまま現実になっている。

建築家との家づくり

はぐくみの家 居心地良さの設計手法

○上下階をつなぐ吹き抜けを中心とした間取り。間仕切りが少なく家中が一体的な空間で、隅々まで空気が循環。冬は薪ストーブ1台で暖房をまかなえる。

○一つ一つの場所は広くはないが玄関土間、畳室、リビングダイニングはワンルーム的な使い方で広さを感じることができる。2階も子ども部屋に間仕切りをつくらず、吹き抜けやスタディ·スペースを含めた視線の広がりや窓からの抜けがあり開放的。

❶2階も間仕切りを最小限にしてフレキシブルな使い方。子どもが成長したら個室化できるように柱の位置や電源が用意されている。吹き抜けに面した2.5mのデスクは家族共有。

❷本棚の上の高窓は、実家の庭の紅葉が見えるピクチャーウィンドー。本棚上部は飾り棚として、思い出の品や写真を飾っている。

❸畳室は、障子の開閉でリビング・ダイニングとのつながりを調整。開けておけばリビングの延長になり、広さが増す。

❹椅子・ベンチの高さはリラックスできるように36cmと低めに。薪ストーブで調理するときにも使い勝手がいいよう、低座としてはやや高く。

❺シンク上の木製カウンターは大皿も置ける30cmの奥行き。ダイニング側から手元は隠れるが、目線は合う1m5cmの高さに設定。

❻庭と室内とのつながりをつくるため、玄関ポーチも兼ねたテラスに深い庇を架けた。

はぐくみの家

敷地面積	360㎡（108坪）
延べ床面積	1階50㎡、2階43㎡
家族構成	夫婦＋子ども二人
所在	東京都八王子市
竣工	2018年
設計	小野育代／ 小野育代建築設計事務所

1

2

3

4

5

6

1

4

2

木との時間 *1*

伐採見学

陶器市でのつくり手とのおしゃべりがとても楽しく、製作にまつわるエピソードが興味深かったなんてことはありませんか？

　家づくりでも同様に、木材の伐採される現場に赴き、生産者の話を聞く機会があります。建築家や工務店と森林組合などが合同で主催する伐採見学会です。都心から比較的近い飯能の山でも伐採見学会が毎年企画されており、電車でも車でも1～2時間ほどで山と渓流の大自然に到着できるため、親子連れにも人気です。

　集合場所から30分から1時間ほど歩いて伐採現場に向かいますが、林道際の山野草や木々を愛で、山の新鮮な空気をいっぱい吸い込み、山主や木こり（山師）から杉と桧の見分け方などを教えてもらいながら、参加者同士の会話を楽しみながらの道程はあっという間です。

　伐採現場に到着すると、注意事項などの説明を受け、いよいよ伐採の見学。木こりが樹齢80年前後の杉や桧の丸太を倒すのです。見学者は倒れない方向で、また間違って倒れてきても事故の起きない

1.麓に集合し、スケジュールと注意事項の説明を受ける。それなりの装備で山に入ります。2.いよいよ山へ、30分～1時間ほど歩いて伐採現場に向かいます。歩きながら楽しい時間を過ごします。3.伐採開始。山師（きこり）が樹齢80年程度の大木を倒します。見学者は安全な場所に。 4.大木が倒れると、木のそばに集まり説明を受けます。年輪を数えたり、記念写真を撮ります。5.倒れた大木。この木を大黒柱にしたり、家具にしたり、購入して使う方は手を挙げます。

3

5

場所でカメラを持って待ち構えます。

今時は斧は使わずチェーンソウで伐りますが、ワイヤーや楔《くさび》を使って倒す方向をコントロールするのはお見事。作業の始まりからほんの数十分で、大木は地響きとともに倒れます（拍手）。

見学が終わると、伐られた丸太を触ったり、木こりに質問をしたり。山での伐採は木が水を上げない秋から冬に行われるので、下山するとキノコ汁など温かいものをいただきながら、木の家の話などで盛り上がります。

山の手入れをする木こりの話を聞いたり、仕事を目の前で見る機会はそうはありませんが、家づくりでもっとも大切にしたいことは、家を長く好きでいられるようにすること。実際に伐採見学会に参加して、1本の丸太を購入し大黒柱や家具として使用した家族や、伐採した樹齢50～80年の長さ20m以上にもなる杉丸太を30～40本購入し、無駄なく使い切った家族には半端ない記憶を残したようです。

エピソードを聞いて購入した器に愛着が湧くように、自分が暮らす家をつくることに参加し、山や自然の大切さを実感することで、家への愛着はより大きくなるようです。（松澤）

4

愛着のある道具と家
二人で過ごす時間を慈しんで

上池台313

設計 BUILTLOGIC

妻の通勤時間を減らすため、両方の職場の中間地点に中古マンションを購入。建築家の夫が、クライアントである妻の望みを聞きながら、リノベーションで好みの空間をつくった。木と漆喰の愛着をもてる住まいで、古い道具や陶器など好きなモノに囲まれ二人の時間が育っていく。

寒がりの愛枝さんの要望で、リビングは畳にこたつの床座スタイル。休日はここでまったり過ごすことも多いそう。

思い入れのあるものが輝ける場所

右頁／年に1度栃木県益子の陶器市を訪れるので、作家物の陶器が少しずつ増えてきた。左の瓶は2年ほど前に愛枝さんが漬けた生姜入りの梅酒。上／ベッドだけでほぼいっぱいの無駄のない寝室。空気の流れをよくして光も取り入れるため、障子の内窓を設けた。右手にウォークスルーのクロゼットがある。下／対面式のキッチンがダイニングやリビングから見えないよう、立ち上がり壁で手元を隠した。

上右／玄関横にある隆康さんの書斎は、引き戸を開けておけば気配が断ち切られない。「彼が書斎に籠っていても一緒に過ごしている安心感があります」（愛枝さん）。窓辺のスペースを効率的に使える造作のデスクと、ヴィンテージの椅子。上左／玄関ホールを広くしたことがゆとりを感じさせるポイントに。右手にあるトイレのドアが目立たないよう、木質の壁と同化させた。下右／ラワン材とともに、障子が昭和レトロの趣。シンプルなデザインとしっとりした素材感は、時代が変わっても廃れない魅力をもつ。下左／コンパクトな洗面室。左の洗濯機の上には服やタオルを置ける板を渡し、洗剤などをしまえる扉付きの吊り収納を設けた。左頁／リビング・ダイニングまで、扉・段差なしでつながる。リビングやダイニングからキッチンの中が見えないよう適度な高さの腰壁を設けた。

古い道具に囲まれ味わう 濃密な家時間

朝、愛枝さんはサッと窓を開けて部屋の空気を入れ換える。窓から富士山がきれいに見えたら、爽快な気分だ。夫の隆康さんが用意した朝食をすませると、二人はそれぞれの職場に向かう。二人が再び顔を合わせる夜、食事の支度は早く帰宅する愛枝さんの担当。引っ越してから料理の時間に少しゆとりが生まれた。作家ものの器に盛りつければ、手早くつくった料理もごちそうになる。食器好きも夫婦共通で、毎年栃木県益子の陶器市に行くのを楽しみにしている。モノを増やすことに慎重な隆康さんだが、キッチン戸棚に余裕ができた分、食器だけはもう少し増やすことが許されそうだ。

　食事は決まって床座のスタイルで食べる。友人の家具作家に制作してもらった特注のこたつは、布団を外せば座卓になり通年活躍する。隆康さんが焼酎のロックで晩酌を始めると、愛枝さんも自分で漬けた梅酒で少しだけ付き合う。ダウンライトを壁付けの白熱電球に切り替えれば、LEDでは感じられない色温度の高さがリラックスを誘う。「ここで寝てはいけない」とわかってはいるけれど、意識が溶けていくのを止めようもない。

隆康さんは建築家だ。設計事務所を構えて18年、住宅の設計が仕事の大部分を占める。自然素材を大切にしつつ、無駄を削ぎ落としたミニマルなデザインの家づくりが得意だ。そんな隆康さんは愛枝さんと二人暮らしの場として、一戸建てではなくマンションを選んだ。中古物件を購入し、自らの設計でリノベーションを行った。

　二人は2015年に結婚。隆康さんが16年前に購入したマンションに同居したが、愛枝さんの職場が遠いのがネックになっていた。「通勤に時間を取られ、残業があると夕飯の支度ができなくて。二人の職場の中間に住めたらいいなぁと、物件探しを始めました。暇な時間にパソコンで物件情報を検索し、夫に見せては妄想を膨らませて（笑）。彼は最初は笑って聞き流していましたが、散歩がてら気になった物件を見に行き、ついでにその街で過ごしてみる。そのうちだんだん本気になってくれたんです」（愛枝さん）。

　築33年のこの物件は最寄り駅からも近く、バルコニーで2面を囲まれていて窓が多いのが気に入った。住戸のかたちが単純で間取りを変えやすいのもいい。隆康さんは、内見の場でざっくりとプランを思い描いた。

右頁／ふだんの料理は帰りが早い妻が支度をするが、この日は久しぶりに夫が腕を振るう。人が大勢集まるときはオーブン料理を振る舞う。上／隆康さんが小学生から中学生頃までよく使ったアンプやチューナーを、思い出の品として棚に飾る。下／気に入りの陶器に料理を盛って晩酌。

右／ダイニングの壁面に収納棚を造り付けた。扉付きの隠す収納とオープンな飾り棚の組み合わせ。扉には天井と同じラワン材を使用。左／キッチンのカウンター越しにダイニングとリビングを見る。二つの引違いサッシを4枚の大きな障子でまとめ、すっきりシンプルに。

帰り道には、お決まりのタウンウォッチングへ。都心でありながらローカルな趣をもつ鉄道沿線の、こぢんまりとした駅。商店街にはしゃれた店が並ぶわけでもないが、ヒューマンスケールでホッとするような温もりがある。二人にとってここが「ホーム」になることが、すんなりと受け入れられた。

愛枝さんがリノベーションに望んだことは、木目の美しさや風合いに憧れていたクルミ材を床に使うこと、窓には障子を入れること。そして、冬はこたつでくつろぎたい。これは実家に住んでいたときからの習慣で、冷え性の愛枝さんにとっては必須のアイテムだ。また、隆康さんが家でも仕事ができるように、書斎を設けることを提案した。「夫は帰りが遅くなりがちで、土日も打ち合わせ。家に仕事スペースがあれば、少しはコミュニケーションを取りやすくなるかなと」。

漆喰の壁にクルミの床、天井と扉類にはラワン材と、優しい素材感に包まれた室内に、レトロな家具や雑貨が溶け込んでいる。隅々まで整然としており、常にこの状態が保たれているという。「掃除や整理は僕の担当です。モノを増やしがちな妻には、一つ買ったら一つ捨てれば、って言うんですけど・笑」（隆康さん）。

寝室や収納、書斎は最小限の面積だが、リビングとダイニングは広々と。玄関ホールにあえて膨らみをもたせたのは、愛枝さんが祖父母から受け継いだ古い桐の箪笥を据えるためだ。「子どもの頃から馴染みの

ある家具です。可愛がってくれた祖父母の思い出を大切にしたくて」と愛枝さん。新品より使い込まれた物に魅力を感じるのは夫婦共通で、隆康さんが若い頃に購入したモダン家具や、初期のパソコン、古いアンプなどが昭和感を漂わせている。小学生のときから保管してきたコーラの瓶、好きだったのにもう使えないアンプ、高校の放送室からもらってきたマイク……棚に飾られているものから、重ねてきた時間が見えるようだ。

北向き住戸で直射日光が少ないから、冬は寒いかと心配したが、工事で壁に断熱材を付加したことと、マンション全体の改修工事でサッシが断熱性の高いものに交換されたことで室温が保たれ、灯油ストーブの出番も少ないという。愛枝さんは、クルミの床の感触を素足で感じ取れる夏が好きだ。角部屋で風通しが良く、日照が少ない北向き住戸の利点が発揮される。

この家に暮らし始めてから、家の中の楽しみに街の楽しみも加わった。「明日は休みだから、久しぶりにどこかへ食べに行く?」と隆康さん。マンションから徒歩圏内に飲食店が多いから、美味しいお店を発掘する喜びが尽きない。危うかった仕事とプライベートのバランスを、この家が着地へと導いてくれた。

建築家との家づくり

上池台313 居心地良さの設計手法

○夫妻の共通の好みであるレトロな家具什器･雑貨がしっくりなじむような空間を目指し、素材の選定を行った。細部まですっきりしたデザインにすることで、小さな住戸を広く感じさせている。書斎、寝室は最小限の面積に抑えてLDKをできるだけ広く。玄関ホールにも必要以上の面積をとって、ゆとりをもたせた。収納はクロゼット1カ所にまとめ、ウォークスルーにして使いやすい動線に。なるべく空間を分断しないよう、開けたときにじゃまにならない引き戸を多用している。

❶書斎では柱の出っ張りを造作のデスクで吸収し、狭い空間を機能的にコーディネート。

❷玄関ホールには幅をもたせて通路という機能性以上の居心地良さをもたせた。トイレは隠し扉とし、存在感を消している。

❸造作のオリジナルキッチンは、扉にラワン合板を用いて落ち着いた色合いに塗装。ほかのスペースとの統一感を出した。

❹ダイニングの飾り棚の割り付けは障子のプロポーションと揃えすっきりと。下部に手もちの書棚を置くことを想定して計画した。

❺寝室に洗濯物の一時待機や室内干しに対応する木製の物干しポールを設けた。木製で雰囲気に溶け込む。

❻リビングには畳を敷いて、ソファと床座を組み合わせたスタイルに。特注のコタツは収納扉や天井などと同じラワンの無垢材で製作。浮きがちなコタツもしっくりと馴染んだ。

上池台313

延べ床面積	57.09㎡
家族構成	夫婦
所在	東京都大田区
リノベーション	2017年
設計	石黒隆康／BUILTLOGIC

1

2

3

4

5

6

5

リゾート感ある軒の深い平屋
多彩な趣味が棚を彩る

土間の広がる家
設計　根來宏典建築研究所

夫の趣味を盛りだくさんに散りばめた平屋が、芝生の庭を囲む。憧れの家具や薪ストーブ、大量のレコード、すべてをかなえたおおらかな空間を貫くのは、深岩石の土間。庭と室内を滑らかにつなげる土間は、子どもたちの遠慮ない遊びを受け止める、度量の広い緩衝地帯だ。

床は、ヴィンテージ調の家具に合わせて色の深いウォールナットをセレクト。キッチンの腰壁も板張りにして少しラフなイメージに。薪ストーブは北欧デンマークのHwam（ワム）。

上／玄関へのアプローチにも深岩石を敷き、土間へと自然なつながりをつくる。玄関ポーチが庭へのゲートにもなっている。下／庭から眺める外観は、軒の水平ラインが美しくモダンな佇まい。軒先には雨樋を付けずシャープに仕上げ、雨水は砂利を敷いた犬走りに浸透させる方式に。左頁／玄関から土間を見通す。連続する垂木が奥行き感をつくる土間には、寺院建築にも通じる心地良さや空間の力強さがある。冷暖房効果を上げたいときは、土間とリビングを障子で仕切ることも可能。

寺院建築やリゾートホテル
多様なイメージが融合

ムーディな間接照明で
毎日が非日常

右頁／リビングの棚にはコレクションのレコードがぎっしりと並ぶ。下は扉付きの収納で、かなりの容量。庭側の開口部が大きい分、駐車場や道路側の面は窓を絞り込み、落ち着きを出した。上／リビングと個室の間に和室を配して、パブリックとプライベートのクッションに。ブリッジのように架けた廊下の向こうは、隣りの実家への近道となる出入り口。下右／滝のように落ちる雨水を、水鉢で受ける。深い軒に守られているので強い雨も吹き込むことはなく、雨垂れの風情を楽しめる。下左／玄関の左手には大容量の玄関収納があり、サーフボードやキャンプ用品、バーベキューの道具などを一手に収納。アーチの上にはバリ島で買った木彫りの面を飾って。

一枚屋根のもと感じる
非日常と安らぎの時間

リビングの中央に二つのターンテーブルと巨大なスピーカー。キャップをかぶって表れたこの家の住人・三田洋介さんがラップに夢中になったのは、大学生の頃だという。以来、少しずつ買い集めた千枚を超えるレコードのコレクションは、リビングの壁面に造作された棚で大きな面積を占めている。洋介さんは、とにかく趣味が多彩。音楽以外にも、アウトドア、読書、料理、コーヒー……。家の中には数々のアイテムがちりばめられている。

三田さんの家は芝生の庭をＬ字に囲む平屋で、リビング棟と個室棟の結節点に和室が配置されている。リビングに面して、玄関から奥へと貫かれた長い土間には、金魚の「きんちゃん」の水鉢があり、多肉植物を並べた棚があり、エアプランツが垂れ下がり、薪ストーブが据えられている。土間に敷かれているのは深岩石という柔らかい質感の天然石で、妻・千春さんの出身地である栃木県で採れるものだ。テラスにも同じ深岩石を巡らせてあり、部屋の中と外が視覚的にもつながって、芝生の庭まで連続して感じられる。２ｍもの深い軒は洋介さんが希望したもので、室内の垂木と連続

右頁／展示会で惚れ込んだTRUCKで、大きなダイニングテーブルを特注。長女・梨子ちゃんと長男・龍之介くんは、スケールの大きな家と庭で伸び伸び育つ。上右／土間の突き当りには、パブリックからプライベートへのブリッジのような渡り廊下をつくった。上左／オーブンや薪置場も一体化して機能的、かつシンプルなデザインの薪ストーブ。下／レコードの大半は、洋介さんがヒップホップにのめり込んだ大学生時代に買い集めたもの。広いリビングの一角で、DJブースが主張しつつ周囲に調和している。

させたつくりも内外の一体感を高めている。子どもの友だちが遊びに来れば、土間と庭を境なく走り回る。夏は窓を大きく開け放ってバーベキューや水遊びに興じる。

「小さい頃から、いつかは家を建てたいと思っていた」という洋介さん。千春さんと結婚後は、実家に同居して資金を貯めた。家具の購入はそのときがくるまで待とうとありあわせのものでしのぎ、その分を貯蓄に回した。5年後、満を持して実家の隣にマイホームを構えることに。建築家の根來宏典さんのことはインターネットで知り、モダンな中にも温かみを感じられる作風に惹かれ連絡をとった。

　根來さんは、設計の手がかりをつかむため、主要な家具を先に決めるよう夫妻に提案した。夫妻はたまたま都内で開催されていた人気の家具メーカー「TRUCK」の展示会に赴き、ダイニングテーブルとチェア、ペンダント照明、ソファ、ベッドを買い揃えることに。「家具の選び方を見れば、その方のインテリアの好みがわかります。お二人がTRUCKを選ばれたので、ビンテージ感のあるものがお好きなのだなと。床材にウォルナットを選んだり、収納の面材の色を家具に揃えたり、全体のデザインを家具の雰囲気に合わせました」（根來さん）。

　リビング棟も個室棟も、庭に向かって

緩やかに下る片流れの天井に覆われている。一枚屋根は安心感と統一感の象徴であり、安らぎの源だ。約30cm間隔幅で並ぶ垂木の存在が、黒く染められた野地板によって引き立ち、掘りの深い陰影が備わっている。土間の足元や棚の上に組み込まれた間接照明、クラフト感のあるシーリングファンが、アジアンリゾートのような非日常性とくつろぎを生み出した。「設計の打ち合わせ中は『こんなに広いリビングはいらないでしょ』って言ったんですけど、夫は『広けりゃ広いほどいいんだ』と譲らなくて。でも、暮らしてみるとほど良くて、これで正解だったんだと感じています」（千春さん）。

洋介さんのサーフィンやゴルフ、キャンプなどアウトドアのツールは、玄関横の奥行き深いストレージにしまわれている。ここしばらくは仕事が忙しく、なかなか出かける機会がないという。とくにこの家に暮らし始めてからは、もっぱら家にいる時間が増えた。作業スペースの広いアイランドキッチンでスパイスに凝ったカレーをつくったり、コーヒーは豆を焙煎してから淹れてみたり。キッチンツールを選ぶのは洋介さんで、コーヒーの道具も何種類も棚に並んでいる。千春さんの里帰りに合わせて栃木県益子の陶器市にも通い、少しずつ気に入った食器を増やしてきた。

広い庭の手入れにも忙しい。草を引いたり、芝の根切りや芝刈りはなかなかたいへんだが、それまで知らなかった世界が開けたとも感じている。今年は草が生えやすかった庭の隅を整理して、大きなプランターをつくり、トマトやシシトウといった夏野菜を植えてみることに。また、新たな趣味が増えてしまった。

上／味のある鉢で気持ち良さそうに泳ぐ金魚のきんちゃんは、飼い始めて3〜4年。環境がいいからか、徐々に大きくなってきた。下／千春さんが栃木出身ということもあり、益子の陶器市に行っては気に入った食器を購入しどんどん増えたが、棚はまだたっぷり余裕がある。左頁／梨子ちゃんと一緒にお菓子づくりができるように、アイランドキッチンは作業スペースが広く、奥行き1mのフラットスタイルで造作。モザイクタイルは千春さんがセレクト。

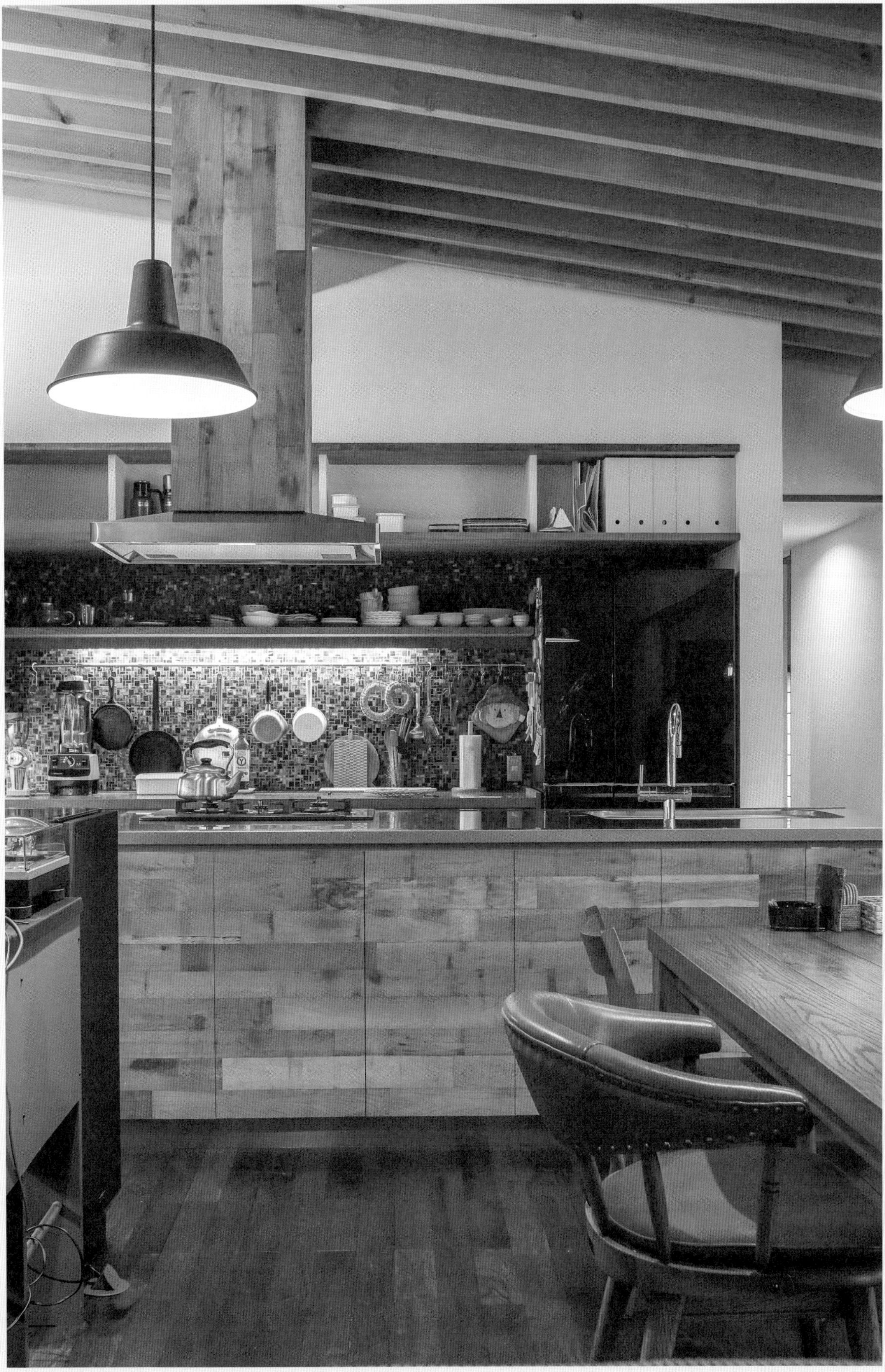

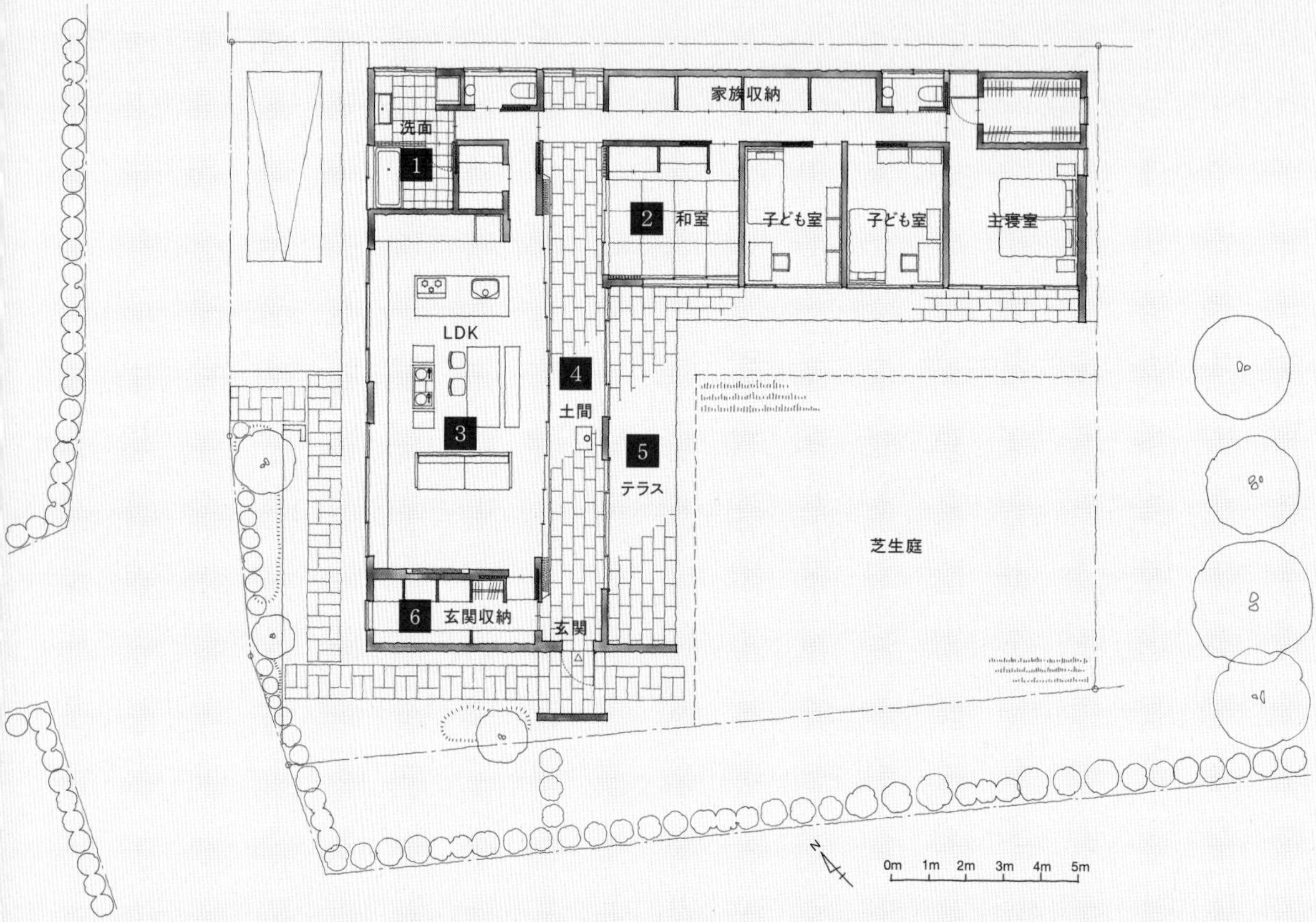

建築家との家づくり

土間の広がる家 居心地良さの設計手法

○広い敷地を活かし、L字の建物で庭を囲んだ平屋に。玄関を含む1辺をパブリックなゾーン、奥の1辺をプライベートなゾーンに。間に緩衝としてニュートラルな使い方ができる和室を挟んだ。LDKにはテラスへと連続する長い土間をつくり、薪ストーブを設置。多少の水や汚れは気になりにくいので、観葉植物や金魚鉢も気軽に置くことができる。

❶洗面室と浴室は、ガラスの間仕切りで広がりと明るさを共有。水回りもホテルのようにラグジュアリー。

❷雨の日、土間は洗濯物干場にも。乾いたら和室に取り込み、畳の上でたたんで、長い廊下を活かした家族収納に仕舞う。

❸大量のレコードをリビングに飾りながら収納できる棚を造作。間接照明を組み込んで大人っぽく演出し、夜も魅力のある空間に。

❹深岩石敷きの土間は幅が広く、長さも一般的な住宅としては斬新。障子の開け閉めで冷暖房を効率よく。

❺軒の出を深くして雨樋は付けず、雨垂れの情緒を楽しむ。

❻玄関横の収納は、多趣味な洋介さんのアウトドア用品をしまえるよう、大容量を確保。オープン棚で靴も取り出しやすい。コート掛けも備える。

土間の広がる家

敷地面積	413.77㎡（125.17坪）
延べ床面積	165.20㎡
家族構成	夫婦＋子ども二人
所在	神奈川県藤沢市
竣工	2015年
設計	根來宏典／ 根來宏典建築研究所

1

2

3

4

5

6

2

1

3

木との時間 *2*

薪集め・薪割り

「薪割り」－時代錯誤のように思われるかもしれませんが、薪ストーブを使う大半の人は燃料の薪を手に入れるため、林の中での薪集めと薪割りを当たり前のようにやっています。公園や近隣の里山の倒木や伐採された木を40㎝ほどの長さに切り、割って運び、積む作業を年に6～7日、それで次の1年分の薪を準備します。かなりの重労働ですが、毎年冬が来ると薪ストーブ仲間で連絡を取り合っては一緒に林に入り、新鮮な空気を吸いながら作業します。なかにはお子さん連れでやってきて、マイペースで薪割りや薪運びを楽しんでいる人もいます。

薪ストーブにとって一番大事なのは、良質な薪をたくさん手に入れることです。一冬で必要になる薪の量は2㎥ほどにもなり、1年以上薪棚に積んで乾燥させる必要があります。購入することもできますが、主暖房として焚くのであればほかのどの暖房器具よりも高額な燃料費となりかねませんので、なんとか自力で薪を確保したいものです。都市部では薪集めに苦労しそうですが、じつはそれほど大

5

4

6

1.斧とチェーンソーは必要な道具。薪集めは重労働なので冬の間に終わらせてしまうのがセオリー。2.雑木林での薪割りは運動にもなり、心地よい汗が掛ける作業です。3.持ち帰った薪は、日当たりの良いところに置いて、1年以上乾燥させないと使うことができません。4.伐採した丸太を斜面から上げるのは大変。みんなで協力しながらの作業となります。5.子どもたちが薪運びの手伝い。外遊びの延長として家族連れで楽しむことも。6.それぞれが自慢の斧を持ち寄り、割り比べをして楽しむこともあります。

変ではありません。

小さな公園でも伐採・剪定が定期的に行われていて、その処分に費用が掛かります。山積みになった伐採木を無料で引き取ってくれる人がいれば伐採した方も助かるという、お互い嬉しい関係なのです。毎年伐採時期に声が掛かるようになれば、薪集めに困ることはなくなります。最近では首都圏の自治体広報にも薪材配布のお知らせが載っていることもありますので、インターネットで薪集め情報を調べてみると良いでしょう。

里山や公園で薪割りをしていると「環境破壊では?」と言われることがあります。もちろん薪を燃やすことで二酸化炭素が出ますが、木が腐る過程でも同様に放出されるため、森で腐らせるより燃料として使ったほうが、その分の化石燃料使用を減らすことになります。森の更新のため伐採された木を薪にすることが多いですが、伐られたあとに成長する若木が二酸化炭素を吸収してくれるので、薪は長い目で見れば二酸化炭素差し引きゼロの持続可能なエネルギーなのです。

そんなことを子どもに話しながら冬のとびっきりの炎の暖かさを思いつつ薪割りするのは、じつは毎冬の楽しみになるという人も多いのです。(松原)

6

趣味を満喫する木と漆喰の家

変形敷地の家

設計　マツザワ設計

熟年夫婦が建てた、天然素材に囲まれる家。太い柱や梁、板張りの壁は、ログハウスに憧れた夫の心に響く。日常からちょっと距離を置ける離れのようなリスニングルームには、長年実家に押し込めていたレコードや本が並ぶ。若い頃好きだったものが蘇り、家で過ごす時間が格段に充実した。

右頁／ダイニングでくつろぐ夫妻。パネル＋セラミック入りの塗材（壁・天井）で行う輻射熱冷暖房で、1年中快適。床材はナラの縁甲板。左頁／リビングにはショールームで一目惚れした薪ストーブを置いた。奥は家事スペースで、さらに奥に夫のリスニングルームが続く。

行き来するたび、
草花の姿に元気をもらう

右頁／長いアプローチも退屈せずに歩ける豊かな植栽。「植え込みに色とりどりの花が咲くのを見ると元気が出ます」（妻）。上／リビング・ダイニングに隣接した和室は、来客の泊まる部屋としてつくった。押し入れには階段下スペースを利用している。下右／刃物の跡を残す「なぐり加工」のクリの板をベンチにあしらった玄関。下左／階段にも厚みのある無垢材をぜいたくに使用。踏みしめると足裏に温もりと柔らかさを感じ、トントンと調子よく上り下りできる。

偽りなき素材が
深い安らぎを
もたらす

右／小屋裏を現しにした広い寝室は二部屋に分割することも可能。防火規定をクリアするための「燃え代設計」で、構造上必要な太さよりひと回り太い梁を用いている。左上／窓の配置は周囲との関係性で決めることが大事。緑を借景できる方向に2面の窓を設けた。左下／浴室は、十和田石とヒノキで温泉旅館のようなぜいたくなつくり。「木の香りが気持ちいいですね」と妻。

音楽や読書に浸る念願のとき

「レコードは高校生のときに集め始めたもの。この家ができるまではダンボールに入れて実家に預けてあったのですが、やっとこうして並べることができました」。

竹内さんが所有するレコードのコレクションは、ポップスやジャズ、落語と幅広い。「ポップスなら吉田拓郎とかね。そのへんの世代ですから。ずっと放置していたレコードや本が、やっと日の目を見ましたよ」。

妻はほとんど立ち入らないという竹内さんのリスニングルームは、リビングから数段の階段を下り、渡り廊下状の「家事スペース」を経て到達する。その道のりが生活ゾーンとの間に距離感をつくり、離れのような非日常性を与えている。

そこには20代の頃に入手したという米軍放出品の古びた机や、当時分厚いベニヤ板を組み上げて自作した書棚が置かれていて、懐しさが漂う。ぎっしり収められた本には彼が過ごしてきた歳月が凝縮されている。

味わい深い家具の背景になっているのは、木の壁だ。国産のスギでつくられた「WOOD・ALC（ウッド・エー・エル・シー）」という分厚いパネルは木のナチュラルな雰

上／50年前のスピーカーやオープンリールデッキ、レコードプレイヤーなど懐かしのオーディオ機器も堂々と陳列できる場所を得た。下／リスニングルームに置かれた書棚は、高校生のときのDIY。長年実家の段ボールに眠っていたたくさんの蔵書や思い出の品が並んでいる。

「リスニングルームは家の中で一番好きな場所。本物の素材でできている家だから古い家具とも相性が良い。楽しみがいっぱいあって居心地がいいんです」（夫）。

囲気に加え、小幅に剥いだストライプにモダンさも漂う。若い頃から木が好きで、仲間とログハウスを建てる計画を練ったこともある竹内さんの嗜好に、ジャストミート。見た目も魅力的ながら、約10㎝と厚みがあるので断熱性にも優れ、レコードを掛ければ音響の良さも発揮する。

　結婚前から長年マンションの9階に暮らした竹内さん。一戸建てに住むことを真剣に考えたことはなかったが、親から実家の土地を受け継いだことが転機になり、家を建てることに。自然素材に囲まれた空間が好きで、マンションも木と漆喰でリフォー

ムしていたほど。建てるなら木と漆喰の家以外には思い浮かばなかった。

そういう家は、どうしたら建てられるのか。家づくりについて勉強しようと購入した本で建築家のグループ「家づくりの会」を知り、相談に行くことに。「いきなり建築家に頼むって、なんだか怖いでしょう？事務所の前を3回くらい行ったり来たりして、ビクビクしながら入りましたよ」と冗談交じりに竹内さん。そのとき、たまたまセミナーの講師だったのが建築家の松澤静男さんで、「ここで会ったのがご縁」と迷いもなく設計を依頼したというから、思い切りがいい。

敷地は逆「へ」の字のかなり複雑な形状で、中央部分には大きな高低差があった。これをどう生かすかが建築家の悩みどころだったが、そのおかげで趣味室が実現したと言える。

主屋部分では、リビングや寝室にボリュームたっぷりの柱や梁が見えて、迫力がある。これは「防火規定をクリアするために必要な太さ」だと松澤さん。「"燃え代"分をプラスしたひと回り太い材を用いることで、防火制限の掛かる地域でも室内に木を露出することが可能になります。木は火災の際も深く燃え進むことはなく、建物を支えることができるという考え方です」。

骨太の家に似合う、どっしりしたフォルムの薪ストーブも導入し、冬には炎とぬくもりを満喫する。高断熱に輻射熱冷暖房も備えたハイスペック住宅で、健康寿命を長く保てそうだ。

竹内さんはカヤックやゴルフなど屋外の趣味も多く、妻が水中で止まることができないマグロに喩えるほど、じっとしていられないタイプ。仕事もあと10年、会社役員として忙しく働くつもりだ。しかし、音楽や読書に浸れる書斎をもったことで、家で過ごす時間もじっくり味わえるようになったという。年代物のスピーカーでレコードを鳴らしながら窓際に腰を下ろすと、神社の大木が目に入る。ただぼうっと外を眺めることの喜びを知った、60代の春だ。

右頁／繊細なデザインのダイニングテーブルは、家具作家にオーダーした特注品。ペンダント照明のシェードは夫の好きな真鍮製。
左頁／薪ストーブを持つ友人宅に遊びに行って以来憧れていた生活を、晴れて実現。ストーブ下の床は、浴室と同じ十和田石。

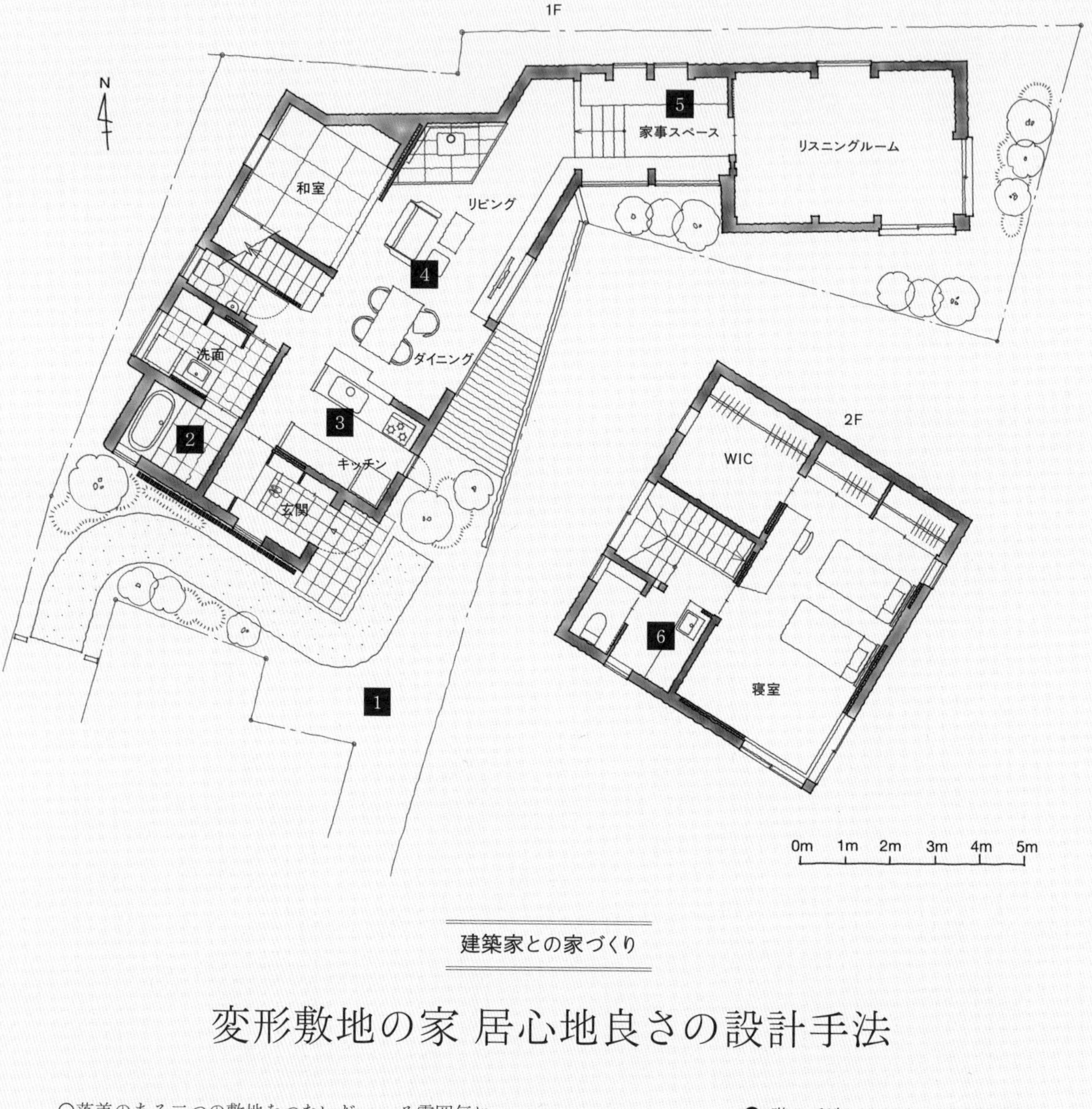

建築家との家づくり

変形敷地の家 居心地良さの設計手法

○落差のある二つの敷地をつないだような複雑な土地を有効に使うため、手前に母屋、奥にリスニングルームを設けつなぎ部分を家事スペースに。
○内装は無垢の床＋セラミック入りの漆喰で仕上げ、無垢の柱梁を見せる部分もつくって素材の良さを楽しめる室内とした。
❶まわりを住宅に囲まれた敷地に、少しでも南側からの日射を取り入れるため、建物を斜めに振って配置した。
❷浴室は十和田石とヒノキといった天然素材でまとめ、リラックスできる雰囲気に。
❸キッチンは作業中の乱雑さが気にならないセミクローズタイプに。家具屋さんによる造作キッチンで、朝は窓に日が当たり気持ちが良い。
❹リビング・ダイニングと和室は床をフラットで連続させ、間仕切りの障子は壁の内側に引き込めるようにした。
❺母屋とリスニングルームの間をつなぐ通路は、幅広くしてデスクや棚を造り付け家事スペースに。日当たりがよく洗濯物を干せばよく乾く。
❻2階の手洗いコーナーはカウンターを広くつくったので、ちょっとした書きものや手仕事などにも使えるワークコーナーに。

変形敷地の家

敷地面積	215.54㎡（65.21坪）
延べ床面積	1階 87.26㎡　2階 42.42㎡
家族構成	夫婦
所在	東京都品川区
竣工	2019年
設計	松澤静男＋松澤有紗／マツザワ設計

1

2

3

4

5

6

7

中庭が仕事と暮らしの仲立ちに

中庭のある家

設計　半田雅俊設計事務所

夫婦二人で暮らす、職住一体の家。仕事場と暮らしの場の間に中庭を挟み、風と光の通り道に。面積には限りがあるから、無駄なものは省き欲しいものにはこだわって。大きな窓で庭と室内をつなげ、何倍にも広く。住まいに緩急のメリハリがあるから、仕事もプライベートも充実する。

家＝仕事場だから
働く・休むの切り替えはしっかりと

右頁／夫の仕事机は中庭に面した開放感のある窓際に。書棚は資料や書類で雑然としがちだが、生活空間から切り離されているので気にならない。左頁／2階の寝室からデッキを敷き詰めた中庭を見下ろす。コハウチワカエデが四季折々の変化を見せてくれる。

上右／夫が建築家に玄関不要と伝えたことで妻は内心ヒヤヒヤしたが、小さくても階段と組み合わせることで快適な玄関になった。上左／階段横の壁面を利用して書棚を造作した。蔵書は増える一方なので、大容量の書棚は頼もしい。下右／高い吹き抜けをもつ食堂は、二人でゆったり過ごすのにちょうどいいサイズ。昼食はしっかりと取り、午後の仕事のためのエネルギーを補給する。下左／キッチン横に設けられたワークスペースは妻が自分用の書斎として使う。壁に挟まれ落ち着けるデスクには小窓もあって居心地がいい。左頁／ロフトから食堂と中庭を見下ろす。吹き抜け·高窓·傾斜片流れの天井、中庭への視線の抜けの相乗効果が広がりを生む。

休息とリフレッシュは
季節を感じながら

右／南側に中庭を見下ろす寝室は日当たり良好。道路に面する北側はクロゼットを配置して閉じ、通風・採光のみ高窓から行う。左上／洗面室は2階にあり、中庭に面していてとても明るい。トイレも一室にまとめられていて広く、木製の洗面台が家具的で個室に近いイメージ。左下／ルーフバルコニーへの階段を通して、突き当りの窓からの光が寝室にも届く。ここに洗濯物を干すとよく乾くそう。

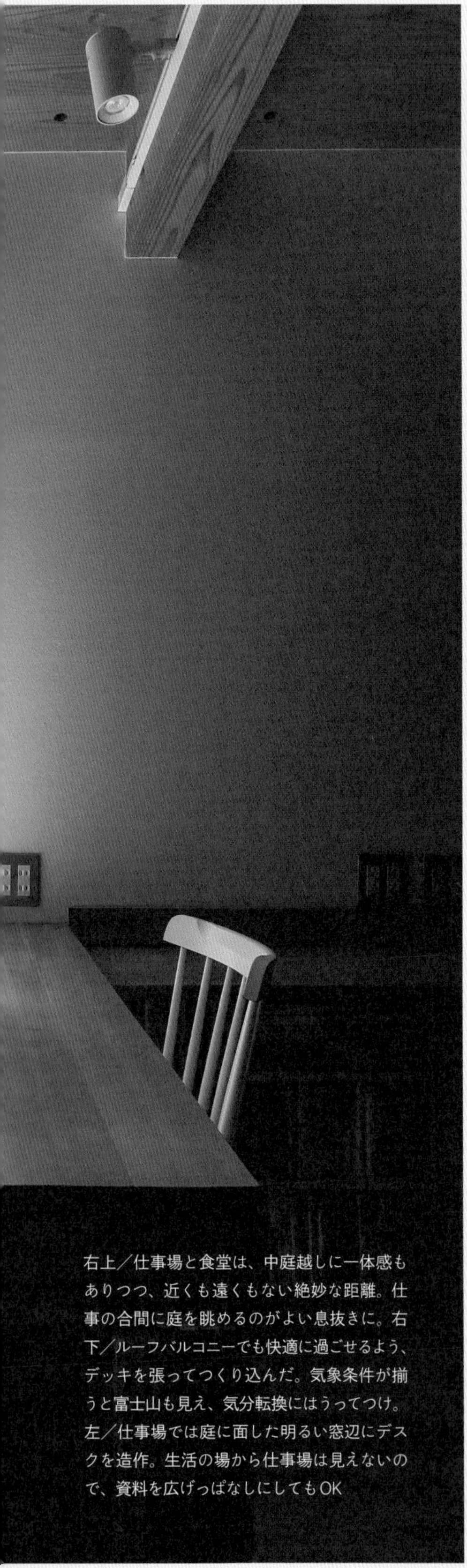

右上／仕事場と食堂は、中庭越しに一体感もありつつ、近くも遠くもない絶妙な距離。仕事の合間に庭を眺めるのがよい息抜きに。右下／ルーフバルコニーでも快適に過ごせるよう、デッキを張ってつくり込んだ。気象条件が揃うと富士山も見え、気分転換にはうってつけ。左／仕事場では庭に面した明るい窓辺にデスクを造作。生活の場から仕事場は見えないので、資料を広げっぱなしにしてもOK

疲れたらすぐに得られる くつろぎの時間

「建築家に設計を頼むときは、先に『嫌いなもの』を伝えておくといいですよ」と夫は言う。彼の嫌いなものは「扉」「廊下」「玄関」と、どれも住まいには当たり前にあるものばかりだが、「扉は開け閉めが面倒だし、廊下や玄関は無駄でしょう」とにべもない。明確な意思のある夫と、彼に譲りがちな妻は、幸運にも住まいの好みに重なるところがあった。それは「木の家に住みたい」ということ。「この家のテーマは日本建築のいいとこ取りです。直線的なデザインや、木や和紙や左官といった伝統的な素材を使いたいと思いました」（夫）。

以前の住まいは賃貸の集合住宅で、夫が独立起業してからは職場も兼ねるようになった。仕事を手伝う妻は、ダイニングテーブルを片付けてはパソコンを出し、しまっては料理を並べていた。ごちゃまぜで手間の掛かる状況に不満が募ったことも、家を建てるきっかけになった。

設計は「木の家」の得意な建築家を探して行き着いた、半田雅俊さん。職住一体の住まいに、「OFFの時間を〝だらしなく〟過ごせること」を夫は求めた。35坪の敷地は南北に細長く、一段高い南側隣地にも建物が迫る。そこに夫婦二人の仕事場と住まいを詰め込むため、半田さんが導き出した答えは中庭型の間取りだ。通りに面した北側に玄関と仕事場、中庭を挟んで奥にダイニングキッチンを配置。中庭に面した通路状の場所がリビングだ。壁際にベンチを造り付けることで、単なる通過点ではなく落ち着ける居場所になっており、「廊下はいらない」という要望もクリアされている。

中庭は仕事場と暮らしの場との緩衝帯であり、生活のなかにメリハリを生んでいる。仕事場に資料や書類が散らかっていても、リビングやダイニングからは見えず、まったく気にならないから気分を変えてくつろげる。「ここは建ぺい率・容積率が厳しい地域で、建物の規模が限られたので、中庭も室内の延長として使えるようにしました」と半田さん。大きな窓越しにリビングやダイニングとの連続感があり、中庭までが室内であるかのような感覚になれる。隣地との境界にはコンクリートの壁を立て、アパートからの視線もブロックしてあるから安心だ。思い立ったら裸足でデッキに出て、焼肉もできる。そんな気軽さを夫妻は気に入っている。

くつろぎたいとき、夫はリビングの軟らかいスギの床にごろりと横になって庭を眺め、妻はベンチに足を上げて壁にもたれる。見上げれば、コハウチワカエデと切り取られた空。新緑・紅葉・落葉と季節ごとの変化が届けられ、晴れなら晴れの、雨なら雨の風情があっていい。

夫は家について「湿気がないこと」を絶対条件にしたという。若い頃、カビが生えるようなジメジメした部屋に悩んだ経験からだ。半田さんは南北に流れる地域の風をとらえるため、通風経路に細心の注意を払い、床下の基礎部分を断熱してエアコンで暖気を回す床下暖房を採用した。中庭に面した大窓は、特注の高性能木製建具で結露もない。あちこちに設けられた小窓を開けると、室内にスーッと風が通る。

夏の昼下がり、夫が焼けたデッキに打ち水をして中庭の気温を下げる。暗くなると、キャンドルをランダムに置いてみることも。リビングにごろりとなって揺らぐ薄明かりを眺めれば、いつしか仕事の憂さも消える。「だらしなさ」の完成形だ。

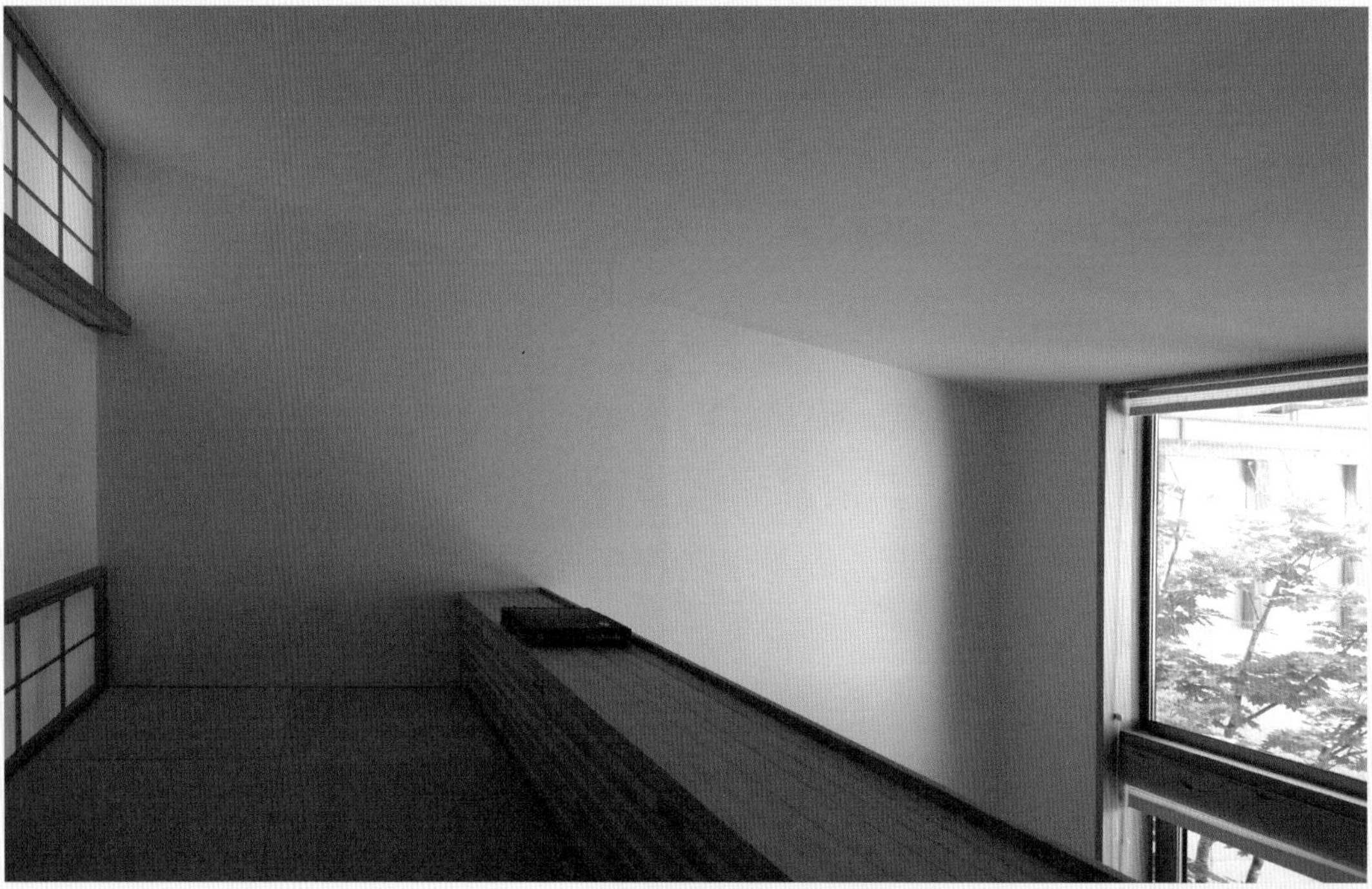

上／食堂の上のロフトにも通風用の小窓を設けて南から来る風の入り口に。下／食堂の窓を開けるとロフトから入った風が中庭へと抜ける。左頁／キリッと引き締まったプロポーションに、緑が柔らかさを添える正面外観。左隣の家との間には塀を設けず、緑を共有し合う。

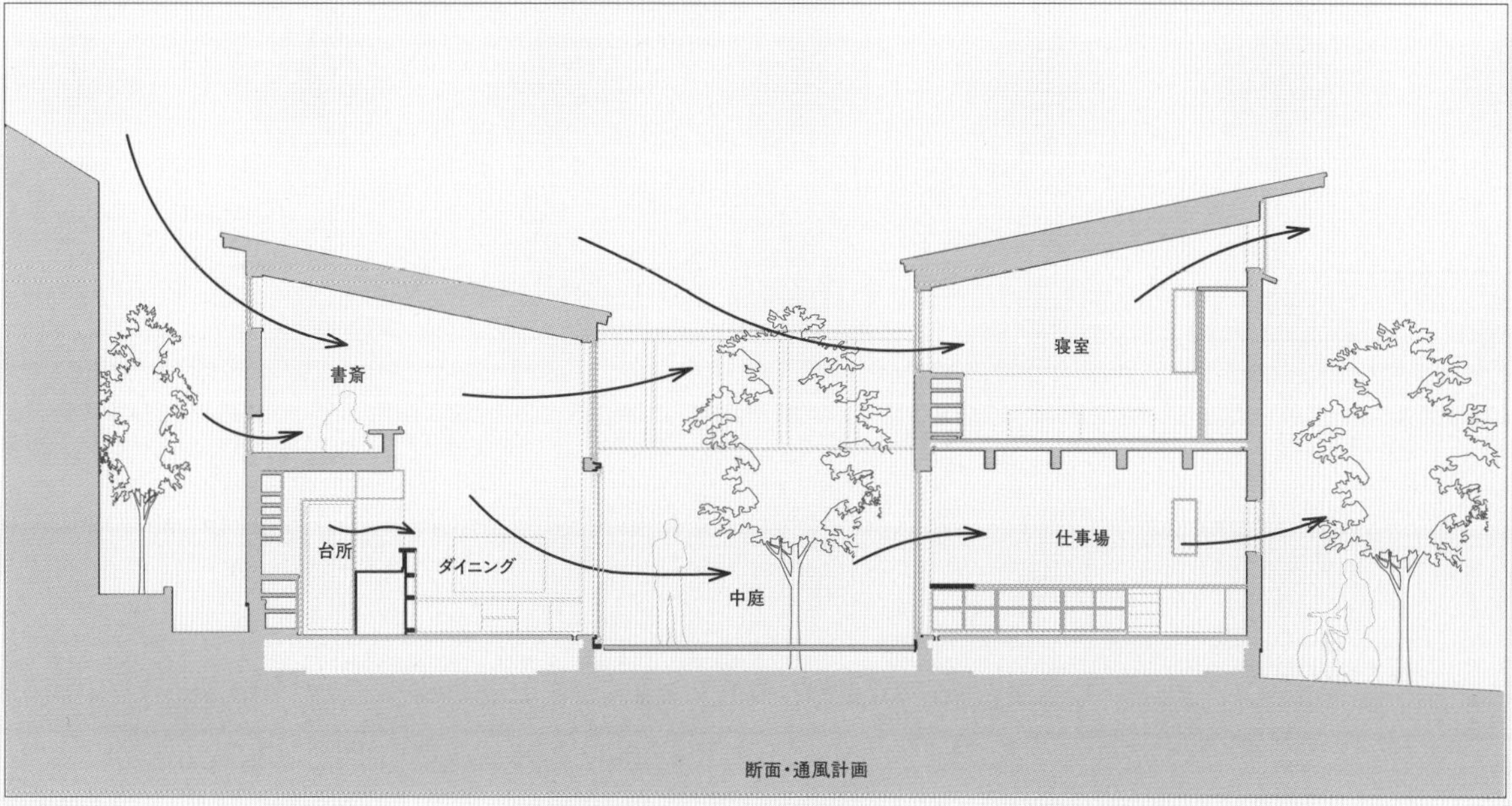

断面・通風計画

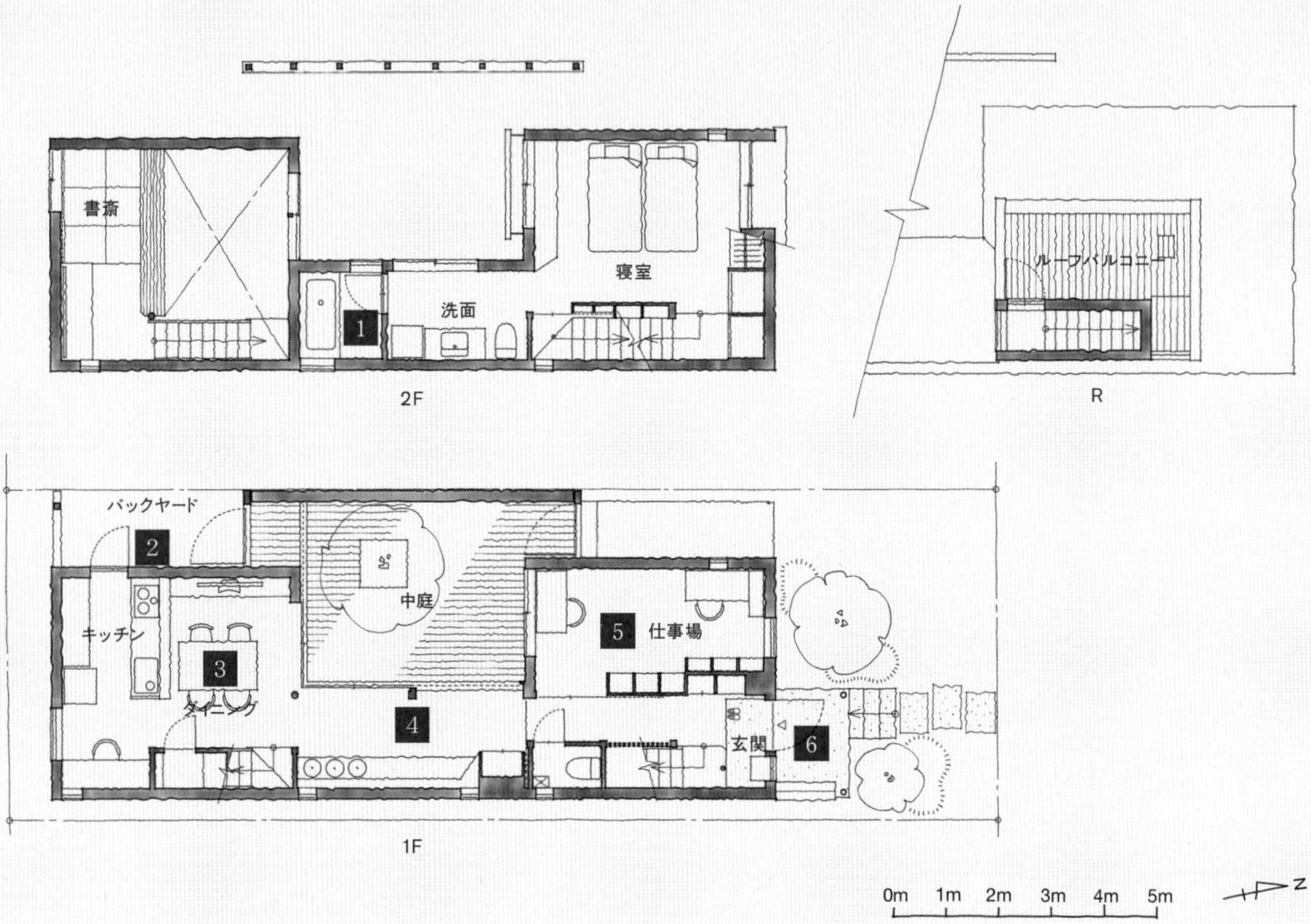

建築家との家づくり

中庭のある家 居心地良さの設計手法

○敷地が細長く、南側を大きな隣家で塞がれた環境で、日照や通風を得るために中庭を設けた。1階は道路側に仕事場、奥にダイニングとキッチンを振り分け、双方をつなぐスペースは庭を眺めるベンチコーナーに。動線とくつろぎの場所を兼ね合わせ、中庭に向かう大きな窓で外部の広がりを取り込んだ。

○常に南から北に向かって吹く風を室内や中庭に導くための窓と、効率良く流す出口となる窓の配置·大きさを工夫。隣家に囲まれた敷地でも四季の自然が感じられ、息抜きに過ごしたくなる楽しい場所をあちこちにつくりだしている。

❶2階にある浴室はハーフバスで、壁·天井をヒノキの板張りに。天井より高い位置に小窓を設けて風通しを良くしたのでカビ知らず。

❷バックヤードにはプラモデルを製作する趣味のコーナーを。隣家側に建てた仕切りの枠を棚として利用。

❸キッチンに立つとダイニング越しに中庭へ視線が抜ける。引込みガラス戸を開けるとダイニングと中庭は一体に。

❹ベンチコーナーには外との一体感を重視して大きな窓を付け、中庭も部屋の延長に。ウッドデッキの高さを室内の床に近づけた。

❺中庭を抜けてくる風を仕事場に導き入れる窓。天井に開けられた丸い穴は通風口で、エアコンで冷やされた空気が吹き出す。

❻パーゴラ状のガラス屋根が掛かった玄関ポーチ。ベンチはちょっと荷物を置いたり腰掛けて靴ひもを結べたりと便利。

中庭のある家

敷地面積	115㎡（35坪）
延べ床面積	1階 46.2㎡、2階 37.5㎡
家族構成	夫婦
所在	東京都三鷹市
竣工	2015年
設計	半田雅俊／半田雅俊設計事務所

1

2

3

4

5

6

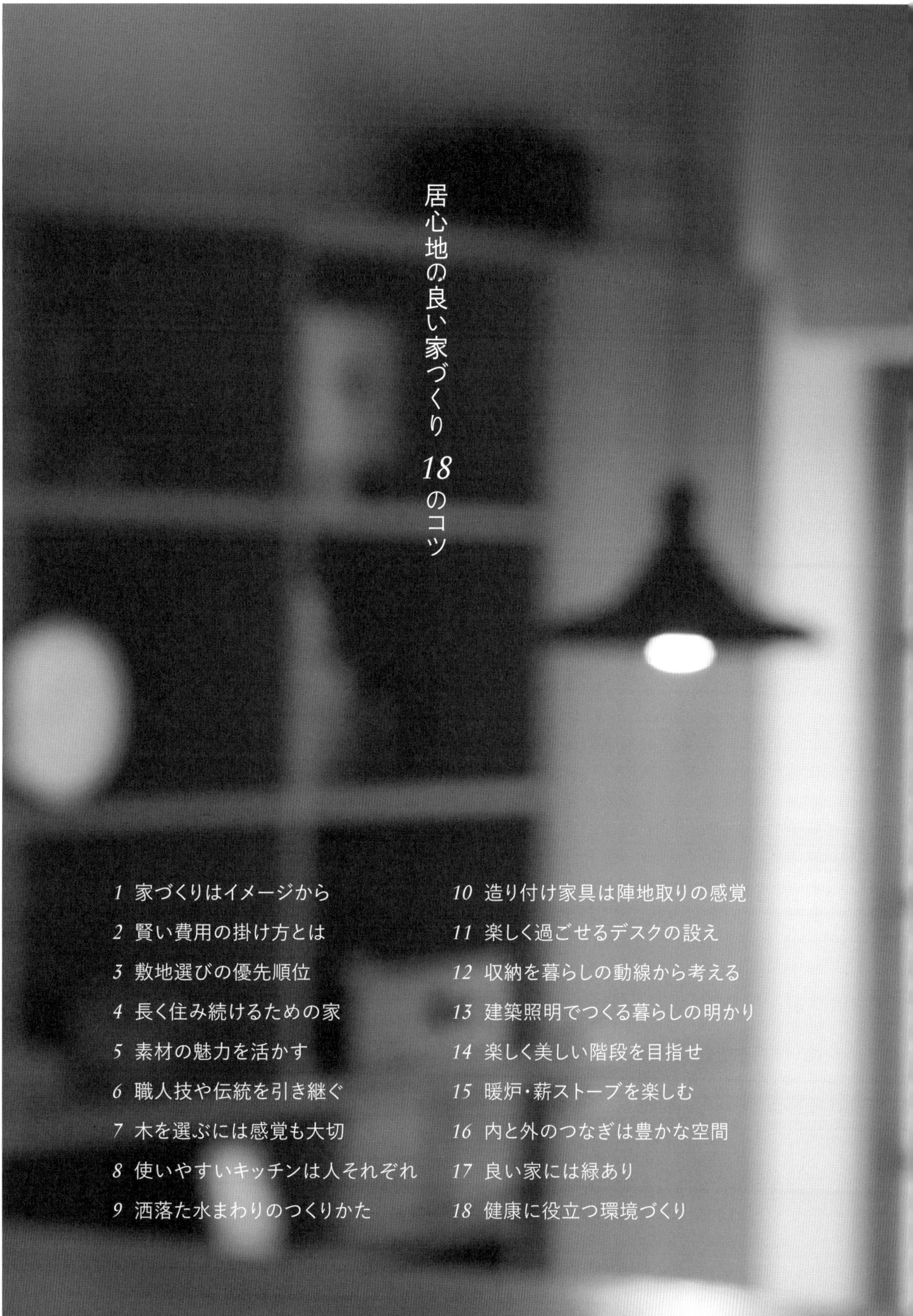

居心地の良い家づくり *18* のコツ

1 家づくりはイメージから
2 賢い費用の掛け方とは
3 敷地選びの優先順位
4 長く住み続けるための家
5 素材の魅力を活かす
6 職人技や伝統を引き継ぐ
7 木を選ぶには感覚も大切
8 使いやすいキッチンは人それぞれ
9 洒落た水まわりのつくりかた
10 造り付け家具は陣地取りの感覚
11 楽しく過ごせるデスクの設え
12 収納を暮らしの動線から考える
13 建築照明でつくる暮らしの明かり
14 楽しく美しい階段を目指せ
15 暖炉・薪ストーブを楽しむ
16 内と外のつなぎは豊かな空間
17 良い家には緑あり
18 健康に役立つ環境づくり

1 家づくりはイメージから

暮らしのイメージを思い描く

家づくりを始めるときに大切なのは、どんなふうに暮らしたいのかというイメージを思い描くこと。「イメージ」というと抽象的でつかみどころがないように思われるかもしれません。しかしここでいうイメージとはとても具体的なものです。

たとえばあなたの家族にとって、一番大切な時間はいつでしょうか?

ある人にとっては、朝ごはんの食卓かもしれません。帰宅が遅くなりがちなお父さんも一緒に過ごせる唯一の時間を大切にしたい。

またある人にとっては、夕ごはんを済ませて、一つの部屋で家族それぞれの時間を一緒に過ごすときかもしれない。つかず離れずの程よい距離感をもって過ごす時間です。

このように、それぞれの家族によって、大切な時間はさまざまです。

イメージには設計のヒントが隠れている

朝ごはんの食卓で過ごす時間が大切であれば、東からの朝日がふんだんに注ぎ込まれる空間を食堂にしてはどうでしょうか。周囲の環境から東側に大きな窓が取れない、取れたとしても隣の家が迫っていて、朝日なんてとうてい望めない。そんな場合でも、ちょっと視点を変えて、たとえば吹き抜けをつくり、少し上方に窓を取れれば可能になるかもしれません。

あるいはつかず離れずで過ごす空間とは、どんな空間でしょうか? 完全に仕切るのではなく、座れば見えなくて立てば見える、ちょっと低めのパーテションのような機能をもたせた家具を配置するというのはどうでしょう。

イメージには、家族で過ごす大切な時間を素敵なものにするための、設計のヒントが隠れているのです。(古川)

東の窓から朝の透明な光が差し込む場所に、食卓をもうける。食卓の向こうに緑が見える。ベランダの鉢植えの植物も食卓をやさしく囲んでいる。

2 賢い費用の掛け方とは

坪単価って?

住宅の価格として○○万円/坪という表示を見掛けたことがあるでしょう。坪単価の良いところは、簡単にグレードをイメージしやすいことです。反面、必要な費用を省いて安く見せ、実際に掛かる費用とかけ離れている場合も多いようです。

重要な費用項目

住まいを取得するための費用は、以下の項目にわたります。

①土地取得費
②建設工事費=建物本体工事費、フェンスなど外構工事費、上下水道ガスなどインフラ導入工事費
③設計監理料=設計事務所への支払い。ハウスメーカーや工務店に依頼する場合は、工事費に含まれる。独立した設計事務所に依頼すれば、設計の質や自由度が高まるだけでなく、工事費の内容を精査してもらえる
④既存建物解体費・仮住まい家賃=建て替えの場合、必要になる費用
⑤諸手続き費用=建築確認申請・登記・住宅性能表示など多岐にわたります。避けて通れない費用ですが、総額から見れば大きな額ではありません

重要なのは、①敷地選び、②工事費、③設計の3項目です。総額予算を考え、何にいくら掛けるかの案分が大事。大切なのは割り振りに住まい手であるあなたの価値観を反映させることです。しかしながらそれがなかなか難しい。どうしたらうまくできるでしょうか。

土地代と建築費の割り振りが大切

あなたの住まいにとって必要な敷地の広さはどのくらいでしょうか?家が建てられる場所には、建ぺい率・容積率など建設できる面積の割り合いが法律で制限されています。

土地の値段は、地域差がもっとも大きいものです。便利で条件の良い土地は高額ですが、あなた自身の条件と一般的な良い条件とは微妙なずれもあるはずです。便利さや環境に関しては、一般的な条件が悪くても自分には問題ないこともあるでしょう。あるいは坪単価の高い土地であっても、設計の工夫で小さな面積で済めば、トータル費用は抑えられる可能性もあるかもしれません。

自分に合った土地を見つけることが大切ですが、自分だけで見つけるのは簡単ではありません。気に入った土地を見つけて購入できたのは良かったものの、土地に費用を掛け過ぎて必要な工事費が捻出できず不満足な家しかできなければ本末転倒です。自分の価値観を不動産業者に伝えて、時間を掛けて探すことが大切です。また土地探しは、設計者にも相談できるとうまくいきます。

建て替えるか
リフォームか迷ったときは

既存の建物を壊して建て替えるか、それともリフォームして使い続けるか？どちらが良いかは、建物の老朽化具合と、どこまで費用を掛けられるかの2点によります。建て替えて新しくしたほうが、工事は楽ですし耐震性能や断熱性能を上げやすくなります。リフォームの良い点は、総額を抑えやすいこと。愛着のある建物を使い続けられること。おすすめしませんが、違反建築をそのまま維持できることもあるでしょう。

どれを選ぶかは、あなたが必要とする住まいを、どの方法が実現しやすいか。どちらが簡単かという工事業者の立場ではなく、住まい手の立場に立って総合的に判断してくれる有能なアドバイザーがいると安心です。

設計監理者の役割

建築家、つまり工事業者から独立した設計事務所は、住宅建設において設計と監理を担当します。設計の際には、建て主のさまざまな要望を聞き出し整理しながら計画案をつくります。建設時の要望を受け入れてもらうだけではなく、家族の成長も考えた長期的視野で提案してもらうことが大切です。建築家は適切な工事業者を選び、工事を監理して竣工まで建て主をサポートします。竣工後はメンテナンスのアドバイスもしてくれるでしょう。

土地選びや、建て替えかリフォームかに迷ったら、建て主の立場で総合的なアドバイスができる経験豊富な建築家に、最初の段階から相談することをおすすめします。価値観に合った満足度の高い住宅を手に入れる手伝いをしてくれるでしょう。（平田）

敷地調査では敷地に赴き、面積や形状、方位、高低差、道路の状況、隣接家屋の状況、街並み、法規制などを調べる。

地鎮祭は土地の守護神を祀り、土地を利用させてもらうことの許しを得る儀式。関係者らが出席して工事の無事を祈る。

設計者は現場の管理のため足繁く現場に通う。現場監督、大工らと現場で実際の納まりを打ち合わせている様子。

3 敷地選びの優先順位

マイナス部分は工夫でクリア

敷地選びの際に考えたいことはたくさんあります。住みたい街の雰囲気、通勤時間の問題、駅からの距離など、不動産価値の視点で考え、予算と折り合いをつけて絞っていくことが一般的です。住むエリアを優先して、手に入れやすい中古マンションのリノベーションを選択することもあれば、戸建て住宅に住むことを第一に考え、職場から遠い郊外を選択することもあるでしょう。

土地探しにおいて、一般的には道路付けが良く、南や東に向いた整形地がすすめられますが、建築家との家づくりを想定するのなら、もう少し守備範囲を広げても良いかもしれません。斜面地、不整形な土地、北向きの土地など、マイナス要素は設計の工夫でクリアできるもの。建築家と一緒に土地を見てまわり、自分たちの理想の家が建てられる敷地かどうかアドバイスをもらいながら進めると良いでしょう。

面積に余裕がないときこそ外構計画が大切

また敷地の面積に余裕がなく、道路から十分な距離が取れない場合、外構計画で注意したい点の一つに玄関の位置があります。都心では、道路に面して正面に玄関扉があって、扉を開けると室内が見えてしまうなんていう光景をよく目にします。玄関の位置をひと工夫することで、道路から玄関に至るアプローチを雰囲気良く、楽しいものにしましょう。

道路や隣家からの視線を防ぐための植栽や板塀、そのほかのアイテムを適正に計画することで、室内のプライバシーが守られてこそ、快適な暮らしが営めます。リビングにせっかく大きな窓を設けても道路から丸見えで、結局は一日中カーテンを閉めっぱなし……。なんてことがないように、建物の計画は外構の計画と一体で検討するように注意しましょう。（石黒）

旗竿敷地に建つ住宅。道路から玄関に至るスペースに土の部分を残して植栽に。2階には道路に向けて大きめな窓を設け、視線の抜けと採光を確保している。

4 長く住み続けるための家

先のことを考えてみる

まだそんなに古くない家の建て替えを見掛けることがよくあります。一方で「長期優良住宅」の税金の優遇措置など、2代3代と住み継ぐことのできる家が社会から求められるようにもなりました。

家族の暮らしの変化にも柔軟に対応でき、長く暮らすことのできる家をつくるには、最初のプランづくりの段階で、自分たちの将来や家のメンテナンスについてなど、先のことを考えることが大切です。

シンプルにつくる

家づくりを始める際、住みたいのはどんな家だろう、といった具体的なものから考えるのではなく、まずは自分たちが少し先にどんな暮らしをしているかを考えてみてください。たとえば「子ども部屋は二つ欲しい」というだけではなく、その子どもが家を出たらその部屋はどう使われるのか、そんな先のところまで考えてみてほしいと思います。

人の暮らし方や家に求めるものなどは、日々変化していきます。子どもの成長などで、その家で暮らす家族の人数は変化し、暮らし方も変わってきます。そこで計画の際、のちに大きな変更の必要がないように、家族の今後をきちんと考えることが大切です。その時間は、すぐに答えが出なくても貴重な機会となるでしょう。2代め3代めに引き継ぐ遠い将来のためにに限らず、柔軟に対応できる家づくりは、とても大切なことなのです。

家族の変化にも対応しながら、長くその家で暮らすためには、つくり込みすぎずシンプルにつくることが大切です。またそんなシンプルな家は、家族での時間を楽しみ、庭や土間も生活の場に取り込み、さまざまな変化を楽しめる「余白」を家に取り入れやすいものです。

自分たちの手でできる簡単なものとしては家具の移動や内装材の変更、大掛かりなものでは用途や間仕切りなどの変更まで考えられますが、計画時から意識しておくと無理なくカスタマイズすることができます。将来の変更時に制約されないようにするためには、構造、断熱、窓や出入り口の位置、そして電気や設備の計画なども改変可能なように考えておく必要があります。（松澤）

間取りや外観をシンプルにすると、構造や断熱にも有利に働き、生活を楽しみながらの模様替えも容易に。メンテナンスの少なくて済む建材を選ぶとランニングコストも抑えられる。

5 素材の魅力を活かす

素材選びの基準は多岐にわたる

建築の素材を選ぶ際、何を基準にするかは設計者によってさまざまです。設計者は建て主の生活や嗜好を考慮し、また安全性、耐久性、手入れの容易さや予算も鑑みながら、構造材、機能部材、仕上げ材などの素材の種類、そしてその大きさ、高さ、質感、色……。さまざまな可能性を検討します。

素材をどのように使うかで、感じ方、見え方はまったく変わります。できれば、素地に触れられ、感じられるような使い方にすると、素材の魅力が最大限に活かされます。

和風建築がお手本

和風建築での木の使い方はその良い手本になります。そこには単に木や石や瓦などの素材を見せるためだけではなく、メンテナンスや改築にも対応しやすく、経年変化も楽しめる数十年という時間を意識したつくりがあります。そして素材のみならず職人の技術も見せることで意匠性、施工性、機能性なども突き詰められてきたのです。木の骨組みや仕上げ材は機能美の最たるものと言えるでしょう。

なかなか贅を尽くした木の家はつくることが難しくなってきていますが、その粋を少しだけでも採り入れることで、素材の魅力を活かした家づくりが可能です。結果としてコストを抑え、人にも環境にも優しい家づくりに近づく第一歩にもなります。（松澤）

ガルバリウムの外壁はダントツの費用対効果と機能性をもつ。鉄板の冷たさは木を併用することで和らげることができる。

木材といってもいろいろな使い方があり、その見せ方もさまざま。丸太の力強さ、家具の優しさ温かさ、機能美、面白さなどもある。

クロスが主流の現在だが、経年変化と質感を考えると塗り壁が一番。初期投資は大きくなりますが、じつはこれほどリーズナブルな仕上げ材もない。

6 職人技や伝統を引き継ぐ

手仕事を紡ぐ

住宅を構成する素材はたくさんあります。木、紙、土、石……。これらの素材は日本でごくごく普通に手に入るものですが、現代的な住宅ではあまり見掛けられなくなりました。新建材の普及が要因ですが、これらの素材を生産し、活かす職人はまだまだ残っています。

残念なのは、そういった素材に魅力を感じつつも、使うのを諦めている人が多いこと。そしてカタログから商品を選んだり、インターネットで検索すれば、手っ取り早く豊富な情報が手に入り、メーカーのショールームに行けば、商品の実物も見れるようになりました。しかし需要者にとって便利になればなるほど、供給者としての産地や町場の産業は衰退し、職人の数が減っていく現状があります。

これら素材やそれを活かす手仕事は、高価なものと思われていることも衰退の要因の一つかもしれません。たしかに高いものもありますが、思っているほどでもない素材もあります。

限られた予算でも使い方次第

限られた予算でも、メリハリを付ければ十分に採り入れることが可能です。また安価な素材を品よく仕立てることもできます。それは手づくりだからこそ成せる技。素材の産地や職人とのつながりを大切にしている建築家に、気兼ねなく相談してみると良いでしょう。ただし自然素材を使う場合には、注意したい点もあります。自然の素材を扱うわけですから、同じ素材であっても、1枚1枚、そして扱う職人によって、そのでき栄えに差異があります。精度も決して良いとはいえません。経年変化もあります。それが自然素材を扱うことの難しさでありますが、楽しさ、美しさ、味わい深さと呼ぶこともできます。そういったことを慈しむことが、和の文化なのかもしれません。（根來）

モルタルに墨を混ぜて黒くした左官の土間。乾き具合を見計らい、金鏝で押さえ、割れ防止の目地を切る。それを何度も繰り返し、磨き上げる。

栃木県宇都宮市を産地とする大谷石。地下50mの採掘場。岩肌から湧水が滴り、足場は悪い。光は届かず、寒く、掘削音だけが響く世界。

ラフな表情の手づくりタイル。均一でないゆえ、貼る技術も必要。目地を詰める良い職人がいないと、素材の良さは引き出せない。

7 木を選ぶには感覚も大切

いいなと思える木を選ぼう

ひとことで「木」といってもさまざまです。堅い木もあれば軟らかい木もあります。濃い色の木もあれば明るい色の木もあります。赤い木もあれば黄色い木もある、黒い木もある。木目もそれぞれで、はっきりと力強い木目の木もあれば、木目の目立たない穏やかな表情の木もあります。

住まいに木を使いたいけれども、いったいどれを選んだらいいのか、選択肢が多くいつでも悩みの種になりがちです。

まずは、サンプルを見て、触ってみる。匂いをかいでみるのもおすすめです。全身で木を感じてください。直感的に「いいな」と思えるかどうかは大事です。毎日顔を合わせることになるわけですから、自分たちと自然に付き合える感じがあるかどうかが大事です。

関わり方で求める機能は変わる

そして、次に機能性も大切です。どんな点に気をつけたら良いでしょうか。

たとえば床に貼るフローリング。軟らかい木を選べば傷がつきやすく、傷がつくことが気になるようならば堅い木を選べばいい。でも、軟らかい木に比べて堅い木は触ると冷たく感じます。床というのは毎日歩くところだから、軟らかい木はクッションが効いて足腰に優しい。軟らかくて傷がつくからダメなのではなく、触ると暖かかったり歩いていても体に負担が少ないなど良いこともたくさんあるのです。

また、テーブルと机の生活なのか、床でゴロゴロする生活なのか、それによっても床材との関わりは大きく変わってきます。関わりが変われば求める機能性も変わってくるのです。

見た目、触った感じ、匂いなど感覚的な良さに加えて、こうした機能性もしっかりと整理して理解して、自分の住まいにふさわしい材料を選ぶことが大切です。

（古川）

床に思わず寝転がりたくなる。杉の木はそれほどやさしく軟らかい。

8 使いやすいキッチンは人それぞれ

使い方のイメージで理想のキッチンは変わる

キッチンを考えるとき、最初にイメージするのは家のどの位置に配置するか、どのような形式で設計するか、ではないでしょうか。

一般的にはリビング・ダイニングにキッチンが一緒になって「LDK」なんてまとめられてしまうことが多いのですが、キッチンをどこに置くか？はなかなか難しい問題です。

子どもが小さい家庭では調理や後片づけの時間に子どもたちの様子がわかるように、アイランド型やペニンシュラ型といった対面方式を採用することが多く、じっくり調理をしたいとか、家族の様子よりも外の景色を見ながら作業をしたいという場合には、壁に面してキッチン台を設置するケースもあります。

さらにキッチンを独立させて匂いがほかの部屋にまわらないようにしたいなど、使い方のイメージによってキッチンのつくり方もさまざまです。

造作キッチンも選択肢に

可能であれば家具屋に造作してもらうキッチンが理想的です。今使っているキッチンの便利なところと不便なところを洗い出してみましょう。ゴミ置き場の位置が不便とか、鍋やフライパンは風通しの良いところにしまえたら良いのにとか、なんとなく不便に感じていることが出てくるはずです。

造作工事では自分の動きや身体感覚に近い使いやすいキッチンが、高級な材料を使わなければコストを掛けずにつくれるはずです。キッチンは内装の一部ですから、オリジナルでつくることでほかの要素と調和の取れたデザインになり、家全体にまとまりが生まれます。（石黒）

2階に配置されたキッチン。視線はデッキに向かう。独立したキッチンでも、開口を大きく取ることで明るく開放的になる。

対面式のキッチン。広いカウンターでは、朝食など慌ただしい時間帯に素早く配膳して食事ができ便利。

9 洒落た水まわりのつくりかた

既製品かオーダーメイドか

浴室や洗面といった水まわりは、システムバスなどの既製品にするケースと、タイルや無垢材などを使って大工工事でつくるケースが考えられます。当然、どちらもメリット、デメリットがあります。システムバスは機能的につくられていて、保温性能が良いとかカビが生えづらいとか、生活が楽になる機能が充実しています。予算的に厳しい、またはメンテナンス重視の場合には既製品をセレクトすることが多いでしょう。

　一方で「つくる浴室・洗面台」は自分好みの材料をセレクトするオーダーメイド。清潔感のある白いタイルでまとめたり、シックなホテルライクなイメージで設計することも可能です。石や木を使って温泉旅館みたいな雰囲気をつくっても楽しいでしょう。

富士山の見える浴室。敷地の特等席に浴室を配置し入浴時間を楽しむ。

「主役」なのか「脇役」なのかを考える

家の間取りを考えるとき、浴室や洗面を、それが「主役」なのか「脇役」なのかを考えてみると良いでしょう。主役であるなら光の差し込む条件の良い場所に配置することも選択肢の一つです。朝日が入る明るい洗面室、庭や遠くの景色を眺めながら入浴できる浴室など、水まわりを主役にしたプランも素敵です。洗面室から近い位置に物干しスペースを確保でき、洗濯物も乾きやすいかもしれません。

　また水まわりを脇役とするならリビングダイニングに主役を譲り、裏方にひっそりとつくることになるかもしれません。光があまり当たらない場所に配置することになったとしても、できることはたくさんあります。浴室に面して坪庭やバスコートを配置し視覚的な楽しさをつくったり、入浴後にリラックスできる工夫をすることで水まわりは活きてきます。（石黒）

浴室の先の小さな坪庭から、季節の移り変わりを感じられる。

10 造り付け家具は陣地取りの感覚

遊び心をくすぐる造り付け家具

インテリアショップに並べられたさまざまな家具は、住まいの夢をより膨らませてくれます。しかし、家具工事や大工工事で造り付けの家具をつくるのも、また楽しいものです。

書斎の出窓下をソファベンチに。座面下はタオルケットをしまうスペース。読書をしながら眠たくなったら、軽い昼寝もできるサイズ。

たとえば暮らしのなかに、座れるような小上がりや段差があっても意外と便利です。陣取りゲームのように陣地を確保して居場所を感じる、そんな本能的な感覚も働くのか、遊び心がくすぐられるスペースとなります。建築工事ではそのようなちょっとしたスペースをつくることができます。

昼寝もできるソファベンチ

たとえばゴロっと昼寝もできるソファベンチ。上写真のソファは出窓の下部を利用してつくっています。オーダーメイドになりますから、クッション部分の硬さは使い道によって職人さんと決めると良いでしょう。ソファにあまり座らず「ソファとテーブルの間に座るのが心地いいのよ」という方には、床にフローリングではなく畳を敷けば、床に座る良さとソファに座る良さのいいとこ取りでくつろぐことも。そんなリビングが手に入るのもオリジナルならではです。

対面キッチンと通路をはさんで設けた家事コーナー。カウンターには邪魔になりがちな脚を設けず、壁の中から腕木で板を支えている。

部屋の片隅に置く一枚板のデスク

家族のスタディコーナーや、主婦の家事コーナー。忙しい合間を縫って行うデスクワークのためのスペースは、部屋のほんの片隅にでも、あると重宝します。わざわざデスクを用意するほどでなくても、壁際に板を一枚固定して。これだけで暮らしのイメージは広がります。

造作家具は家具そのもの……というよりも、空間づくりの一部として暮らしのイメージをつくるものです。（小野）

11 楽しく過ごせるデスクの設え

デスクの設えは大事なポイント

書斎や家事室、子どもの勉強場所、パソコンデスク、ファミリーデスク……。家での暮らしが多様化するなか、デスクの設えは大切なポイントになります。ここではいくつかの事例を通して、楽しい暮らしを手に入れるための、使い勝手が良いデスクまわりのヒントを紹介します。

吹き抜けに臨むファミリーデスク。

吹き抜けに臨むファミリーデスク

吹き抜けは、空間的な広がりを感じるとともに、家族の気配を感じ合う場でもあります。そのような場所に家族みんなが使えるデスクを設けると、家族のコミュニケーションも増えることでしょう。ここで紹介するのは、吹き抜けに面して設けたファミリーデスク。長さが3・6mのカウンターに子どもたちと一緒にゆったりと並んで使うことができます。本棚を置くスペースがない間取りであっても、足元に設けることによって、十分な収容量を確保できます。本棚の奥行きはデスクほど必要ないため、膝が当たることはありません。

バルコニーに面したパソコンスペース。

バルコニーに面したパソコンスペース

窓際は、明るく、風通しが良く、眺望的にも開かれた場所。そのような窓に向かって腰を掛けると、爽やかな気分になります。ここで紹介するのは、バルコニーに面したパソコンスペース。長さ2・15mのデスクのサイドには本やプリンターを収納する棚を設けています。バルコニーをエキスパンドメタルで覆っているので、周囲からの視線も気になりません。プライバシーを確保しつつ、バルコニーを外との中間領域として、窓際を有効に使っています。

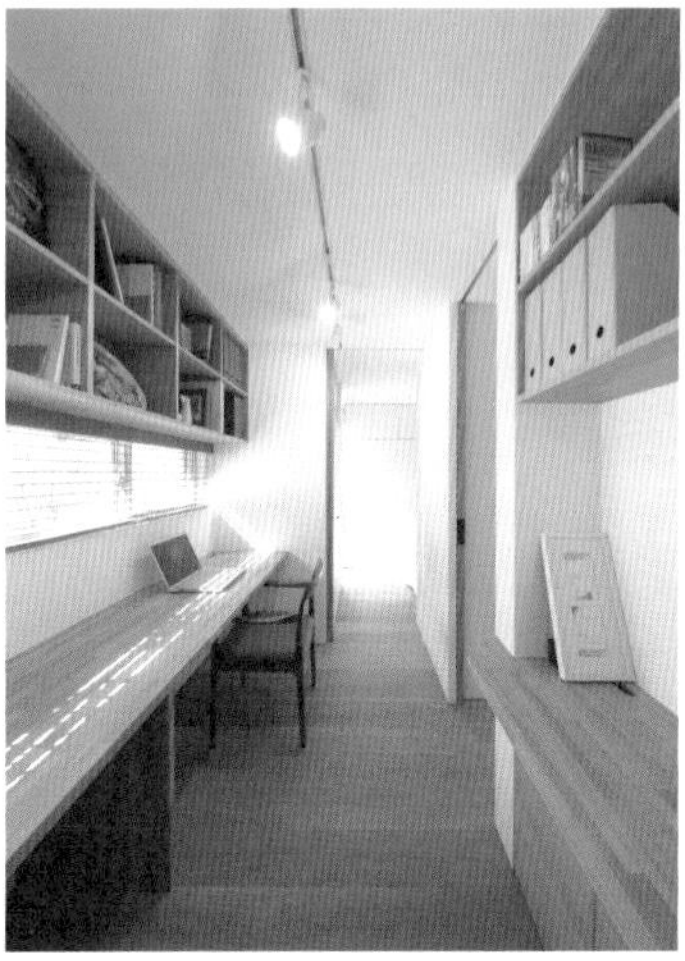

寝室の前室として設けた書斎。

キッチンの多目的デスク。

寝室の前室として設けた書斎

籠り感や落着きのある書斎が欲しいという方も多いと思います。ここで紹介するのは、寝室につながるホテルライクな書斎。4帖の広さに、長さ3・4mのデスク。書斎と寝室との間には引き込み戸があり、就寝時間がずれる際には仕切ることが可能。お子さんが小さい間は、子どもの就寝後や起床前の時間は有効活用したいもの。そういった家庭にも有効です。背面を壁や本棚にして、リモート会議時にPC画面に映り込む背景にも配慮しています。

キッチンの多目的デスク

キッチンに広い作業台があると便利です。ここで紹介するのは、長さ1・9m、足元に家電やゴミ箱を収納できる作業台を設けた事例。台を挟んでお子さんが料理を手伝うことができ、おやつタイムや帰宅の遅い家族のための食事スペースとしても役立ちます。パソコンや料理本を広げたり、子どもの勉強スペースにもなる多目的なデスクでもあります。

和室に設けたデスク

昔ながらの和室には、書院があったり、文机が置かれたりと、心を落ち着かせる設えがあり、穏やかな空気感が漂っています。その設えは現代的な和室にも応用できます。ここで紹介するのは、和室に読書やパソコン用のデスクを設えた事例。小上がりの場合、腰が掛けやすいように足元を掘り込んでおくのもおすすめ。疲れた際には、畳の上にそのままゴロンと横になることもできますね。（根來）

和室に設けたデスク。

12 収納を暮らしの動線から考える

ウォーク・イン・クローゼットはもったいない

暮らしやすい住まいを考えるに当たり、収納計画は重要な要素の一つです。人気が高いのがウォーク・イン・クローゼット。これさえあれば、何でも放り込んでおけると安心しがちです。しかし狭小の住宅であるほど、また収納が苦手な人ほど、じつは壁面収納が有効です。クローゼットに人が入れるということは、通路スペースが必要ということ。それは面積的にモッタイナイ。がらんとした空間だけがあっても上手く整理整頓することも難しく、その点、扉を開くと内部が一望できる壁面収納は、あとから効率的な収納計画が立てられます。

〝ウォーク・スルー〟で暮らしを楽しく

とはいえウォーク・イン・クローゼットには捨てがたい魅力がありますね。そこでおすすめなのは〝ウォーク・イン〟ではなく〝ウォーク・スルー〟タイプのクローゼットです。通路の両脇に壁面収納があるような設えでもあり、これであれば先にモッタイナイとして挙げた通路スペースが有効に活用できます。人が通り抜けできるということは、光や風も抜けるというわけで健康的ですし、視線も抜けて家族同士の風通しも良くなります。ポイントは開き戸ではなく、引き戸にすること。開けっ放しにしていても邪魔になりませんし、風で急に閉まる危険もありません。

ウォーク・スルーの収納を設ける場所は、寝室などの個室をはじめ、玄関や家族収納といった共有スペース、洗面脱衣室やキッチンといった水まわりが考えられます。これら室単位がウォークスルーでつながっていれば、家全体に回遊動線が生まれ、家事がラクに行え、暮らしも楽しくなります。（根来）

靴、コート、日用品を仕舞う玄関収納。手洗い左手は引き戸となりLDKに通り抜ける裏同線にもなっている。手洗い、うがいができる洗面台を置いている。

衣類やタオルをしまえる家族収納。洗面脱衣室からこのスペースを抜けて、物干し場に出られる。洗濯物の取り込みにも便利な動線。

13 建築照明でつくる暮らしの明かり

夕暮れとともに灯す明かり

色をスマートフォンで変えられるLED電球まで登場し、手軽に「明かり」を楽しめる時代になりました。

建築の設計では、間接照明が手軽につくれるようになり、デザインの幅が広がっています。しかし落ち着いた「暮らしの明かり」の基本は変わりません。太陽が隠れて暗くなったら、ひっそりと心を落ちつけられる明かりを楽しみましょう。

明るさ・暗さをコントロール

夕暮れどきのだんだんと外が暗くなっていくときこそ、照度を明るく（強く）。外が真っ暗になってしまえば照度を落としても（弱くしても）明るく感じます。明るさは電球の数字で表されるだけでなく、周囲の状況で変化します。

また照明は身体のリズムにも影響を及ぼします。明かりの配置で空間に陰影を出したり、調光できる照明計画にすると良いでしょう。寝る前に照度を落とすと、眠りにつきやすくなります。寝つきにくい小さなお子さんにも効果があります。

年齢を重ねると、モノが見づらくなったり明るさを感じにくくなったりしますが、そういうときも全体を明るくしてしまうのではなく、動線の足元を照らすなど、必要なところに明かりをつけて、部屋全体は落ち着いた明かりの計画にしたほうが良いのです。

空間のアクセントに

天井から吊るすペンダントライトや、壁に取り付けるブラケットライトには目移りするほどさまざまなデザインがありますが、空間のアクセントになるように、全体との調和で選びたいものです。またデザインもさることながら、大きさも十分把握する必要があります。お店やショールームではちょうど良いサイズに見えても、自宅に入れるとテレビと同じで、大き過ぎた……なんてことがないように、収まるサイズか確認してから購入しましょう。（小野）

家族3人が集う円形のダイニングカウンターの上には、ガラスの円盤が特徴の名作「フリスビー」を配置。天井高さ2.8mの空間にはバランスの良い存在感。

14 楽しく美しい階段を目指せ

階段は空間のアクセント

暮らしのなかで、床は段差なく平らなほうが便利ですが、ステップ（階段）の魅力も捨てがたいところです。登りやすい段の高さ（蹴上寸法）と段の奥行き（踏面寸法）でストレスが軽減されれば、階段は空間に変化を与える楽しい装置になります。

屋上へアクセスするスケルトン階段。軽やかなステップは、空間の広がりを邪魔することのない空間のアクセント。

気持ちを切り替える、公私の分かれ目としての階段

たとえば1階にLDK、2階に寝室や浴室がある場合。もしくは住まいと仕事場が上下に位置するときなどは朝、階段を降りることで気持ちにスイッチを入れて1日をスタートさせる……といった構成はよくあるスタイルでしょう。

黒い段板と筒状の白い壁、美しい螺旋を描く手すりが、階段を“オブジェ”のような空間のアクセントとしている。

空間の目玉になる階段

吹き抜けに架けられたスケルトン階段や、オブジェのような螺旋階段のように、階段そのものが空間を特徴づける場合もあります。また階段幅は75～90cmが一般的ですが、それよりも広い幅にして、ベンチのように腰を掛けられるような階段も楽しいものです。ロフトへ続く階段ならば、梯子や箱段といった遊び心のあるものもつくれます。

ロフトへ続く固定型の梯子段。現場足場の合理的な階段ユニットのサイズをヒントに登りやすいがスペースを取らない寸法で構成。

上下階の部屋を空間的につなげる階段

半階ずつフロアを設けたスキップフロア。軽やかなスチールと板を組み合わせた半階ずつの階段がスペースを縦につなげる。縦に視線が抜けることで広がりを感じる空間に。

高低差がある敷地や、狭小の敷地の場合、半階ごとにフロアを設けるスキップフロアが有効です。フロアの面積に比べて視線の抜けを広く取ることができ、実際の面積よりも広く感じます。何より空間変化の面白さは大きな魅力となります。

階段を効果的に

どんな階段にも言えることは、吹き抜け（2階の床を抜いた場所）に設置するということです。そのため、窓を設ければ上下階へ光を届けることができますし、小さなトップライトを取り付け光を絞ることで光井戸の効果を使ったドラマティックな演出も可能です。壁に絵を飾ったりニッチを設けたりすれば、ちょっとしたギャラリーとなり、移動しながら気に入ったものを眺められる場にもなります。

機能や便利さだけでない遊びや楽しさ、美しさをプラスする装置として階段を意識してみるのはいかがでしょうか。（小野）

玄関脇に設けた階段を思い出の写真や小物を飾るギャラリーに。大型本棚とベンチを設えた踊り場は読書コーナーにもなる。

コーナーの天井にトップライトを設け、階段室を下の階まで光が届く光井戸の空間に。ドラマチックな光の動きを体験できる。

15 暖炉・薪ストーブを楽しむ

薪ストーブ暖房はハイテク工業製品

薪ストーブは古くさい暖房器具と思われがちですが、じつは燃焼効率を上げて排気ガスをクリーンにするよう考えられたハイテク工業製品です。

そして寒冷地の山小屋などでよく使われるように、暖房能力としても優れています。薪ストーブを使うなら全館暖房が基本。部屋を細かく仕切らずワンルームに近い家のつくりとすれば家中どこに行っても寒くない家にすることができます。ただし薪ストーブの置き場所や薪の搬入など薪ストーブ暖房ならではの注意点もあります。

暖房効率の良い家のつくり

30坪ほどの家であれば薪ストーブ1台で家中を暖めることができます。吹き抜けがあっても寒くなく、むしろ家全体へと暖気がまわりやすくなります。吹き抜けを上昇してきた暖気が2階の部屋や廊下・階段へ移動、そこで冷やされた空気が1階へ下降し、薪ストーブのある部屋へ戻る、の繰り返しで薪ストーブから離れた部屋でも暖めることができるようになります。大事なのは各部屋の出入り口を引き戸にすること。引き戸は開け離しておいても邪魔にならず、空気や人の移動がスムーズになります。薪ストーブのある部屋から離れがちなトイレや洗面脱衣、浴室も引き戸とし、循環する経路沿いに配置すれば暖かい空気を行きわたらせることができます。

薪ストーブは安全性が高く、お子さんが小さくても安心。使い始めると、家族みんなが冬を待ち遠しく思うようになります。

置き場所や薪導線も考慮に

季節を問わず同じところに置かれることになるので、薪ストーブを置く場所を決めるのは慎重に。熱の問題から近くにモノを置くことができず、薪や道具類のスペースが必要なため、少なくとも幅、奥行きともに1・5m以上は確保したいところです。薪ストーブで料理をするときには炎の様子を見ながらの空気量調整が必要となるので、目が届く場所に置いたほうが良いということもあります。

また薪ストーブには燃料である薪を頻繁に供給しなければなりません。燃料である薪の搬入と置き場所、そして頻繁な薪投入などから、「薪動線」といった考えも必要です。1年に必要な薪の量は東京で焚く場合でも2㎥といわれています。日当りが良く雨が掛かりにくい場所に平面で2㎡ほどのスペースが必要となりますので、敷地のどこに薪を置くのかも考えておきましょう。（松原）

16 内と外のつなぎは豊かな空間

ウッドデッキやルーフデッキで庭のようなスペースを

家の中からふと外に目をやり、庭の緑が映るとほっとすることはないでしょうか。住まいの豊かさは家の中だけにあるわけではありません。外はわれわれの生活と深くつながり、豊かさをもたらします。

街中では敷地に余裕がなく「庭なんて贅沢な」と思われる方も多いかもしれません。しかし建築設計では「建ぺい率」といって、建物を建てる面積が敷地の面積に対して制限されるルールがあり、多くの住宅地では5割くらいの部分は建物が建てられないのです。そこをうまく活かせば小さな庭をつくることができます。

たとえば南東の角を開けて、そこに庭をつくったり、ウッドデッキやルーフデッキをつくる。ルーフデッキの下は駐車スペースにしてもいいでしょう。南東の角を開けることで通風と採光が期待できます。中庭のように三方を囲んだウッドデッキは、三つの部屋から使えて楽しさ3倍です。

狭い斜面の庭でも驚くほど多様な植栽を楽しむことができる。

外とつながるアイデアはいろいろ

外とつながるアイデアは、じつはたくさんあります。

路地の1㎡足らずの狭間も、うまく活かせば外を家の中に取り込むことができます。たとえば浴室の窓はどうしても小さくなってしまいがちですが、敷地境界ギリギリに目隠し塀を立てプライバシーを守りながら大きな窓を付けると、まるで露天風呂のような開放感が得られます。

　また軒を深く出してウッドデッキを設けると、そこは雨の日でも外で過ごせる場所。深い軒は夏の強い日差しを遮ってもくれます。

　そんなちょっとしたことでも、外を楽しむアイデアを活かすことで、限りある敷地条件からは考えられない豊かな空間を生み出すことができるのです。（古川）

深い軒が包み込む空間は格別。ウッドデッキがあれば、そこはリビングの延長に。

17 良い家には緑あり

緑は家の大切な要素

　街を歩いていて「良い家だなあ」とふと立ち止まってしまうことがあります。そんな家はたいていあからさまには姿が見えません。ささやかであっても見る側と家の間に緑があり、周囲の風景に馴染み美しく佇んでいます。緑は住む人の暮らしを豊かにしてくれるだけではなく、道行く人にも潤いを与え、町並みを美しくしてくれる家づくりに欠かせない大切な要素です。ところが家づくりではあまり重要視されず、あとまわしにされることが多いのです。間取り計画の最初のときから周囲に緑を入れて考えてみましょう。

植栽の配置計画

　敷地の大きさや周囲の状況は土地によってさまざまなため、それにより植栽計画も変わってきます。まずは植栽を建築予算のなかに組み込むこと。できれば工事費の1％～5％はみておきたいとこ

近いところ、遠いところに樹木を配置すると、庭に奥行が生まれる。

ろですが、20万円ほどでも竣工時にそれなりに植栽を施すことができます。リビングダイニングの窓から見えるところに、そして道路と建物の間やアプローチ部分を優先的に考えます。そのあとは各部屋の窓から少しでも緑が見えるように配置していきます。樹木によっては、50㎝ほどの幅でも十分植えることができますので、植木屋さんと相談しながら成長がゆっくりとした樹種で日当りや手入れの簡便さなどを考慮に入れて植えていきます。

おすすめの樹種

樹木は成長しますので、手入れがしやすく、成長の遅い樹種を選ぶのが基本。リビングダイニングなど南側に広めの場所があればシンボルツリーとして大きめの落葉樹がおすすめです。ヤマボウシやアオダモ、カエデは樹肌や樹形が美しく紅葉も楽しめます。ヤマボウシは白い花のような花弁もきれいです。それに沿わせてソヨゴなどの常緑樹を植えると冬でも緑を絶やさず過ごすことができます。落葉樹は季節感を感じられていいのですが、葉が落ちて近隣へ迷惑を掛けることがあるため、植える場所には注意が必要になります。玄関まわりには小さめの落葉樹と広葉樹を入り混ぜて何本か。カエデやベリー系、ナンテンやソヨゴ、ハイノキなど、そしてできれば足下に下草を配置します。最初はこれくらいで十分です。あとは折々、自分で好きな実のなる木やハーブなどの下草を楽しみながら植えていきましょう。（松原）

隣家が迫る小さな庭でも、中木、低木、下草と、たくさんの種類の植物を植えて楽しむことができる。

道路側のアプローチの植栽は大切。少しの緑でも、その奥に玄関が見えると家の佇まいを良くしてくれる。

18 健康に役立つ環境づくり

必要な断熱性能とは

住まいの断熱性能はどこまで必要でしょうか。日本の断熱性能基準は何度も改訂され、寒冷地での無暖房住宅も可能になりました。断熱性能を上げれば冷暖房消費エネルギーは下がり、反面、建設コストは上がります。省エネは大切ですが、じつは温暖な地方ではコストパフォーマンスはあまり良くありません。

しかし断熱性能は健康のためにはとても役に立ちます。断熱性能の良い家に住む人は断熱性能の悪い家に住む人に比べて寿命が延びるなど健康に良いことがわかっています。個別に住宅の断熱性能を計算し数値で表すことができますから、建設コストも併せて鑑み、費用対効果をシミュレーションして、最適なレベルを確認することが大切です。

自然な通風計画と日当たりの検討

断熱性能を上げできるだけ機械に頼らず自然な室温で暮らせるとストレスも減らすことができ、とても快適です。エアコンは頼りになりますが、自然な通風計画や日当たりの検討が快適な家づくりには欠かせません。季節ごとの風向きや太陽の角度を知り、隣家の位置を確認して風の通り道や日当たりを考えましょう。暖かい空気は上昇するので風の上下の通り道も計画します。強い風ではなく、感じないほどの微風が気持ち良いのです。

良い環境は設計の力でつくり出す

窓のもつ大切な役割は明かり採りと風の通り道だけではありません。何が見えるかが大切。隣家が迫っていても上を向けばどこかに青空が見えるはず。その位置を狙って窓を開けたり、窓の前に樹木を植えれば、良い環境は限られた敷地内でも新たにつくり出すことができます。借景に頼らずとも自前で環境改善を図りましょう。（平田）

ウッドデッキを敷き、植樹をした中庭は、風の抜け道でもある環境制御装置。

Credit

撮影

石田篤　p.120（2点とも）| 上田宏　p.123（2点とも）、p.124（上2点）、p.125（2点とも）、p.128（下右）| 鈴木康彦　p.127（中）| 畑拓　p.119 | 花岡慎一　p.121（下）| 新澤一平　p.122（2点とも）、p.126、p.128（下左）| 渡部立也／暮らしと家の研究所写真部　cover、p.6～19、p.21（上左、上右、中右、下左）、pp.22～105、p.107、p.109（上2点、中右、下2点）、p.112、p.130

写真提供

アトリエフルカワ一級建築士事務所　p.131（上）| 小野育代建築設計事務所　p.127（下）| 木々設計室提供　p.21（中左、下右）、p.129、p.131（下）、p.132（2点とも）| 根來宏典建築研究所提供　p.118（3点とも）、p.124（下）| 半田雅俊設計事務所提供　p.106（2点とも）、p.109左中、p.114（3点とも）、p.133 | BUILTLOGIC　p.115 、p.121（上）、p.127（上）、p.128（上）| マツザワ設計　p.116、p.117（3点とも）

Profile

KINOIESEVEN

NPO法人家づくりの会（1983年設立）に所属する建築家の仲間で、
なかでも木の家を得意とする7人により構成。
木という味わい深い素材が時とともに、空間の魅力をどんどん深めていってくれる、
「ずっと好きになれる木の家」の設計を目指している。

石黒隆康
Takayasu Ishiguro

1970年神奈川県横浜市生まれ。1993年日本大学生産工学部建築工学科卒業、1995年同大学院生産工学研究科博士前期課程修了。数社の設計事務所勤務を経て、2002年にBUILTLOGIC（ビルトロジック）設立。受賞にトステム設計コンテスト・銀賞（2009年）、著作に『こだわりの家づくりアイデア図鑑』（共著、エクスナレッジ、2015年）などがある。

小野育代
Ikuyo Ono

1972年東京都生まれ、兵庫県育ち。1996年横浜国立大学建設学科建築学コース卒業後、ハル建築研究所勤務。2006年小野育代建築設計事務所設立。著作に『こだわりの家づくりアイデア図鑑』（共著、エクスナレッジ、2015年）がある。

根來宏典
Hironori Negoro

1972年和歌山県生まれ。博士（工学）。1995年日本大学生産工学部建築工学科卒業後、古市徹雄都市建築研究所勤務、2002～04年同嘱託。2005年日本大学大学院博士後期課程修了。2004年根來宏典建築研究所設立。受賞に福島県建築文化賞・優秀賞など、著書に『ディテールから考える最高に美しい住宅デザインの方法』（共著、2015年、エクスナレッジ）などがある。

半田雅俊
masatoshi handa

1950年群馬県生まれ。1973年工学院大学建築学科卒業。1973～80年遠藤楽建築創作所勤務。1981～83年F.LL.ライトの建築学校タリアセン在籍。1983年半田雅俊設計事務所設立。主な受賞に「木造ドミノ住宅」（野沢正光氏と共同設計、2007年）にてエコビルド大賞ほか、「安中教会納骨堂」にて安中市みどりの景観賞（2008年）などがある。

古川泰司
Yasushi Furukawa

1963年新潟県生まれ。1985年武蔵野美術大学造形学部建築学科卒業、1988年筑波大学院修了。長谷川敬アトリエ、工務店勤務を経て、1998年アトリエフルカワ一級建築士事務所設立。受賞に「わらしべの里共同保育所」にて第20回木材活用コンクール優秀賞（2016年）など、著作に『木の家に住みたくなったら』（共著、エクスナレッジ、2011年）などがある。

松澤静男
Shizuo Matuzawa

1953年埼玉県生まれ。1976年日本大学工学部建築学科卒業。建設会社、設計事務所勤務を経て、1982年一級建築士事務所マツザワ設計を設立。2011年より父娘で設計活動を開始。著作に『やっぱり、木の家がほしい！』（共著、アーク出版、2009年）などがある。

松原正明
Masaaki Matsubara

1956年福島県生まれ。東京電機大学工学部建築学科卒業。設計事務所勤務を経て1986年松原正明建築設計室設立、2018年木々設計室（きぎせっけいしつ）に改称。受賞に「建坪9.7の家」にて住まいの環境デザインアワード環境デザイン優秀賞（2008年）、「あいの社」にて埼玉建築文化賞事務所店舗部門最優秀賞（2017年）がある。

木の家を楽しむ

居心地の良い時、暮らしを紡ぐ

2021年1月25日 初版第1刷発行

編著者	KINOIESEVEN
発行者	矢野 優美子
発行所	ユウブックス 〒221-0833 神奈川県横浜市神奈川区高島台6-2-305 TEL: 045-620-7078 FAX: 045-345-8544 info@yuubooks.net http://yuubooks.net

企画・編集	矢野優美子
住宅紹介 取材・文	松川絵里
住宅紹介 写真	渡部立也／暮らしと家の研究所 写真部
間取りイラスト	樋口あや
ブックデザイン	飯田将平＋岡嶋柚希／ido
印刷・製本	株式会社シナノパブリッシングプレス

ISBN 978-4-908837-09-8 C0077